que mundo é esse?

jovens brasileiros

uma aventura literária ao longo da nossa História

edição revista e ampliada

ivan jaf
ficcionista
maria odette simão brancatelli e vera lúcia vilhena de toledo
historiadoras e professoras do ensino fundamental

altamente recomendável – FNLIJ

ea
editora ática

» jovens brasileiros

sumário

6

o Brasil indígena | século XV

planisfério de Cantino

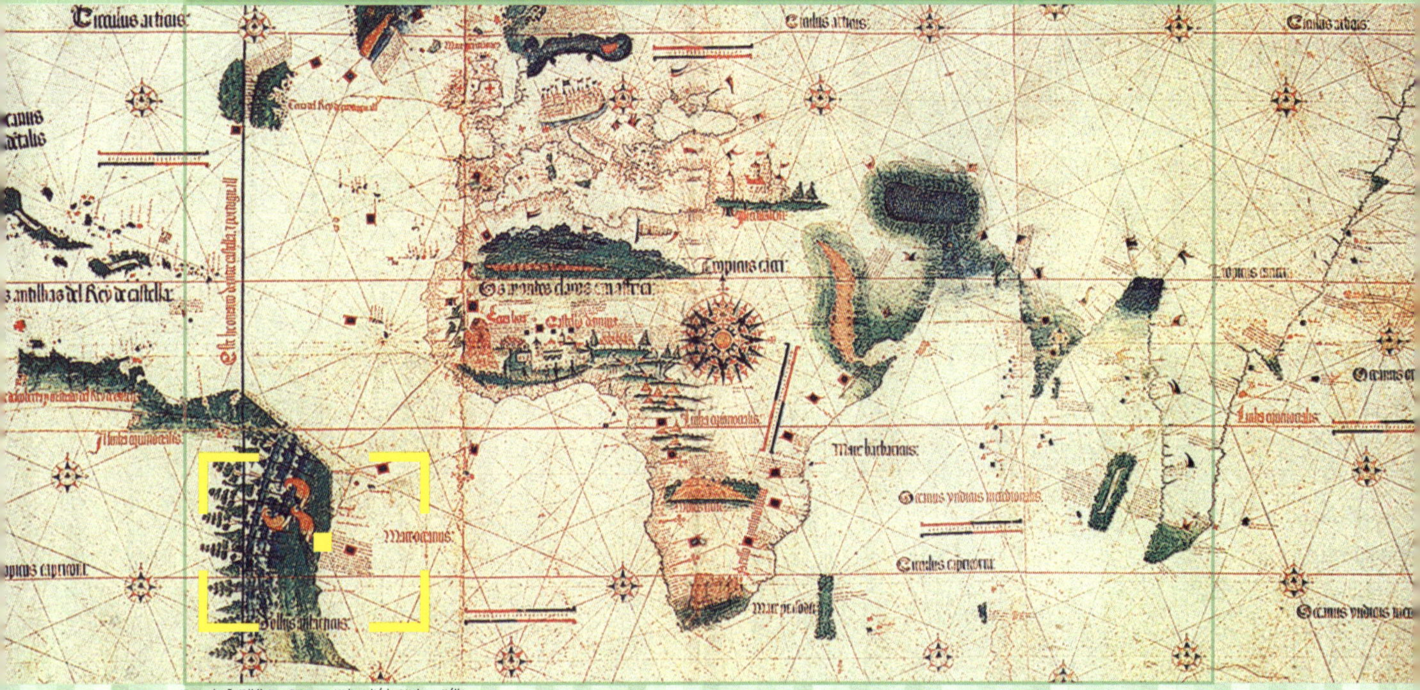

Reprodução/Biblioteca Estense e Universitária, Modena, Itália

aldeia tupinambá

Reprodução/Acervo Iconographia/Reminiscências

Reprodução/Acervo Iconographia/Reminiscências

8

a lenda dos homens que fediam muito

aldeia 1

oca 2

Reprodução/Acervo Iconographia/Reminiscências/Fundação Biblioteca Nacional, Rio de Janeiro, RJ

homens/mulheres 3

[1] aldeia
Uma aldeia é a reunião de várias famílias, e o conjunto de aldeias forma um grupo indígena. Os membros de um grupo falam a mesma língua e têm os mesmos costumes.

[2] oca
As aldeias são compostas de habitações coletivas: as ocas ou malocas (estas maiores). As moradias (choças) são dispostas em círculo; no centro fica a ocara, espaço para reuniões e cerimônias. A disposição das ocas pode variar.

Reprodução/Fundação Biblioteca Nacional, Rio de Janeiro, RJ

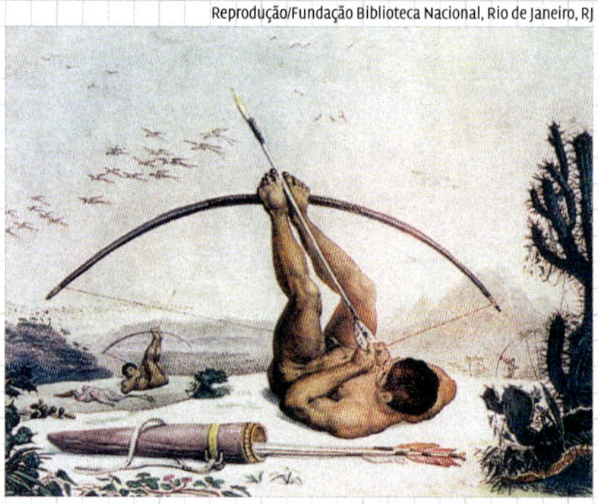

[3] homens/mulheres
A divisão do trabalho depende do sexo e da idade e faz parte do cotidiano de todos. A sociedade indígena é igualitária: há cooperação entre homens e mulheres, dos idosos às crianças. Os homens se ocupam da caça e da pesca, entre outras atividades.

Numa **aldeia** [1] de índios tupinambás, vivia uma linda menina chamada Coema.

Coema era filha de Suaçu-arana, o mais bravo guerreiro do grupo, que além desse nome tinha outros mais, pois matara e comera muitos inimigos. De seu lábio pendia um grande cristal, e sua cabeça raspada exibia o mais vistoso *acangatara**.

Pela bravura em combate, Suaçu-arana se tornara o superior de sua **oca** [2], e a ele todos seguiam de boa vontade.

A aldeia de Coema havia se instalado há poucas luas na curva de um rio, a cinco dias de caminhada do mar. As terras onde ela fora criada haviam se esgotado para o plantio, e tribos de caetés e potiguaras os ameaçavam pelo norte, por isso foram obrigados a se mudar.

Como sempre faziam, escolheram um lugar perto da água doce, onde houvesse caça e muita lenha. Ergueram duas compridas malocas e as cobriram com folhas de palmeiras. Depois as cercaram com uma *caiçara* de estacas tão juntas que nem uma flecha podia atravessar. E em seguida outra paliçada, com troncos grossos, com uma distância entre eles que desse passagem a um homem.

Suaçu-arana ganhou lugar no centro de sua cabana, e tratou de espetar na entrada a cabeça de um botocudo que matara em combate.

Os **homens** [3] derrubaram as árvores de uma extensão de terra à margem direita do rio e se prepararam para esperar quatro luas cheias até elas secarem e eles poderem tocar fogo e fazer a *coivara*. Só depois as **mulheres** [3] poderiam plantar a mandioca, o milho, o cará e a batata-doce.

Enquanto esperavam, os homens da tribo tinham de sair com frequência para arranjar comida. Caçavam tatus, *saruês* e capivaras e iam ao litoral pescar para fazer farinha de peixe.

Coema e as outras mulheres ficavam na aldeia, pegando palmito, coco, jabuticabas e maracujás; amassando barro para as velhas moldarem as panelas; tecendo fios de algodão para as *inis* e preparando **cauim** [4] para as festas.

4 cauim

[4] cauim
As índias mastigam a mandioca e colocam-na num recipiente para fermentar, produzindo assim uma bebida usada em festas e cerimoniais — o cauim.

Velhos, *curumins* e guerreiros ainda jovens ficavam com elas, para proteção. Entre estes havia Quirimã.

Coema e Quirimã estavam juntos sempre que podiam e muitas vezes se afastavam da tribo para apanhar frutas ou *içás*. Tatuavam-se, depilavam-se, catavam e comiam os piolhos um do outro e iam várias vezes por dia tomar banho de rio.

Pouco tempo depois de terem se mudado para a nova aldeia, Coema menstruou pela primeira vez. Teve então os cabelos cortados e as costas arranhadas com presas

* *consulte o significado desta e de outras palavras no glossário da p. 13.*

de onça-pintada. Quando os cabelos crescessem e as feridas cicatrizassem, ela seria entregue como esposa a um guerreiro da tribo.

Quirimã já havia trocado a ponta de chifre de veado com que seu pai lhe atravessara o lábio inferior por uma grande pedra verde, sinal de que se tornara um homem, mas permanecia com **um único nome** [5] e não podia casar com Coema, pois ainda não matara nenhum inimigo.

Um dia o pai de Coema voltou de uma longa excursão ao litoral. À noite, no centro da ocara, reuniu o grupo para contar uma história estranha.

— Eu estava na areia da praia, com tupinambás de outras aldeias, torrando peixe para fazer farinha, quando chegaram **cabaças** [6] gigantes, cortadas ao meio, flutuando no mar, arrastadas por enormes asas.

"Elas pararam longe da costa, onde as nossas canoas de *igá-ibira* não podiam chegar.

"Das cabaças gigantes saíram outras menores, sem asas, que vieram ter à praia.

"Dentro delas havia **homens peludos que fediam muito** [7]."

Os que ouviam Suaçu-arana, principalmente os curumins, tiveram muito medo. Os velhos balançavam a cabeça. As mulheres olhavam para a escuridão da mata, onde vivia o *Anhangá*.

Suaçu-arana continuou:

— Ajudamos os homens peludos, catando lenha, frutas, papagaios e enchendo barricas de água.

"Não falavam língua de gente e não conheciam mulher, já que não tiravam os olhos das nossas.

"Deviam ser inimigos da água, pois nunca entravam nela."

Uma velha perguntou se não tinham penas, como a *guará-piranga*, e por isso podiam flutuar.

— Não tinham penas — respondeu Suaçu-arana. — Mas os pelos saíam deles por todo o corpo e no rosto, caindo do queixo até o meio do peito, como se os olhos estivessem sempre de tocaia, atrás de uma moita.

[5] um único nome
Inimigo era qualquer pessoa que não pertencesse ao grupo. Quando o guerreiro matava um inimigo, ganhava um novo nome. Em algumas sociedades, a carne do sacrificado era comida durante um ritual — a antropofagia — em que os índios acreditavam adquirir as qualidades do morto.

Reprodução/Biblioteca Municipal Mario de Andrade, São Paulo, SP

5 um único nome

6 cabaças

Reprodução/Fundação Biblioteca Nacional, Rio de Janeiro, RJ

[6] cabaças
Uma das plantas mais antigas da América, a cabaceira dá um fruto que depois de seco tem vários usos, como o de maracá ou chocalho e outros instrumentos de percussão. Também serve como vasilha.

[7] homens peludos que fediam muito
Os europeus não tinham o hábito do banho, e os índios, acostumados a banhos diários, estranharam o mau cheiro dos brancos.

7 **homens peludos que fediam muito**

Reprodução/Biblioteca Municipal Mario de Andrade, São Paulo, SP

8 **pajé**

Vito D'Alessio/Acervo do fotógrafo

[8] pajé
Chefe religioso e curandeiro, o pajé mantém as tradições do grupo. O cacique é o líder da aldeia, escolhido por suas qualidades, entre elas a bravura.

"Tinham várias camadas de pele, que iam tirando à medida que o sol esquentava e colocando de novo quando a lua aparecia.

"Os pés eram de couro duro.

"Alguns traziam o peito e as costas cobertos por uma carapaça. Outros a traziam cobrindo a cabeça e as orelhas.

"À medida que iam tirando as peles ou as carapaças, mais fediam."

Um velho perguntou se não tinham armas.

— Quase todos levavam, pendurados à cintura, um fino *tacape* — contou Suaçu-arana —, muito duro, brilhante e afiado. Alguns não passavam de um palmo, outros eram longos como uma terceira perna.

O velho perguntou se não usaram essas armas.

— Não — falou o pai de Coema. — Os pequenos serviam para abrir frutas, espetar peixes e cortar carne. Os compridos deviam ter algum poder, pois os seguravam pelo cabo, várias vezes ao dia.

"Do mesmo material brilhante e afiado tinham objetos de várias formas, como unhas enormes com que desbastavam a madeira e abriam a terra, machados que derrubavam árvores como um raio e dentes compridos que serravam troncos."

O **pajé** [8] disse então que deviam ser grandes guerreiros, que reuniam em si o poder de todos os animais: flutuavam sobre as águas, como os pássaros; trocavam de pele, como as cobras; tinham o corpo peludo e as patas resistentes, como os macacos e as capivaras; carapaças, como os tatus e as tartarugas; e garras afiadas como a onça, a paca e o porco-do-mato.

— E afastam os inimigos com o fedor, como os gambás — lembrou Suaçu-arana.

E continuou:

— Antes de partir, os estranhos homens peludos e que fediam muito pregaram um tronco atravessado no outro e o espetaram na areia. Depois ergueram os braços, começaram a falar alto e a cantar; ajoelhavam e se levantavam diante daquilo.

"Por fim voltaram para as cabaças gigantes voadoras e desapareceram no mar."

Para provar que o que contou de fato acontecera, Suaçu-arana mostrou um presente que os homens haviam distribuído aos índios. Era uma imitação da grande **cruz**[9] plantada na areia. Tinha uns dois palmos de comprimento, e era feita do mesmo material desconhecido, frio e brilhante, mas não tão duro.

A cruz passou de mão em mão, trazendo medo e curiosidade ao grupo.

Daí em diante tentaram descobrir para que servia aquilo.

Usaram-na para triturar peixe seco e fazer farinha, mas as pontas logo entortavam.

Para cavar a terra e plantar mandioca era muito fina e pouco resistente.

Também não servia para derrubar árvores nem cortar pequenos galhos.

Atirada contra pássaros e tatus, ia sem direção.

Experimentaram esfregá-la num galho de *ubaçu-iba*, mas não fazia fogo.

Os pajés concluíram que os homens que fediam muito deviam ser grandes feiticeiros, e aqueles objetos eram alguma espécie de *maracá* muito poderoso.

Foram de aldeia em aldeia e organizaram uma cerimônia para invocar o poder.

Vários pajés tupinambás se reuniram na praia, junto à grande cruz de madeira que os homens peludos haviam deixado espetada na areia. Ao redor dela fincaram todas as outras menores.

As mulheres prepararam muito cauim e acenderam uma enorme fogueira. Os homens beberam, pintaram o corpo, cobriram-se de penas, dançaram e gritaram, enquanto os pajés sopravam fumaça de *pitim* nas cruzes.

Mas os espíritos não apareceram.

Com o tempo, as cruzes foram esquecidas.

Sobreveio um período de desgraças para a aldeia de Coema e Quirimã.

As novas terras se mostraram ruins para o cultivo. A pouca chuva secava os brotos de mandioca. Os peixes não apareciam no rio, e os homens tinham que ir cada vez mais longe atrás de caça. Os botocudos haviam se unido aos tupiniquins, e a ameaça era constante.

Um dia Suaçu-arana e outros guerreiros estavam fora quando veio o ataque à **aldeia**[10].

9 cruz
Símbolo do catolicismo, a cruz nada significava para os índios, politeístas, que adoravam forças e espíritos presentes na natureza. Além disso, eles desconheciam o uso dos metais.

Rômulo Fialdini/Acervo do fotógrafo

9 cruz

10 ataque à aldeia

Reprodução/Acervo Iconographia/Reminiscências

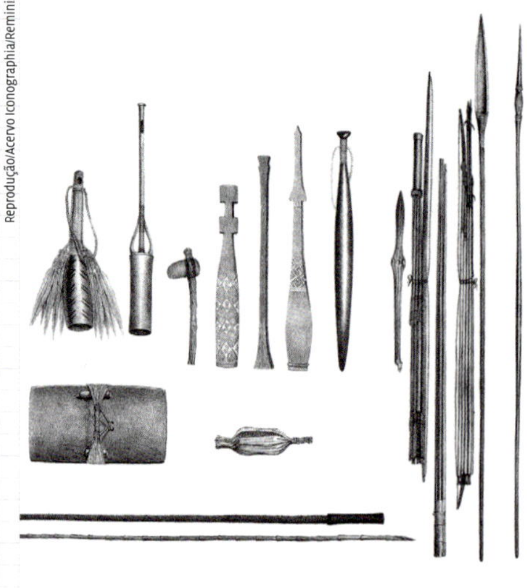

10 ataque à aldeia
A guerra era uma forma de reforçar os valores e costumes do grupo e ao mesmo tempo de vingar seus antepassados. Não visava, como entre os brancos, à conquista de terras, escravos ou bens materiais.

Flechas de fogo caíam sobre as malocas, e fumaça de pimenta passava entre a paliçada.

As estacas finas da primeira caiçara cederam, e dois botocudos passaram.

Coema, os curumins e as outras mulheres se esconderam numa das choças. A outra ardia em chamas.

Velhos tentaram lutar, mas caíam a golpes de tacape ou transpassados por flechas.

Quirimã afinal viu-se acuado por um enorme botocudo, de encontro à paliçada de troncos grossos que procurava defender. O guerreiro inimigo já erguia o tacape sobre sua cabeça, para o golpe final.

Foi quando o menino viu o brilho do metal.

No chão, a dois passos, a cruz dada ao pai de Coema, jogada na terra por algum curumim, refletia a luz do Sol.

Quirimã abaixou-se. O tacape cortou o ar, um palmo acima de sua cabeça. Quirimã levantou, com a cruz na mão, e a enterrou no pescoço do inimigo.

O sangue esguichou. O homem imenso levou as mãos à garganta, gritou e caiu para trás. Morto.

O grupo de botocudos parou.

Amedrontados, deram alguns passos para trás. Desconheciam aquela arma. Temeram seu brilho. Entraram na mata e desapareceram.

Coema foi entregue a Quirimã-Poçanga.

Ele havia matado um inimigo.

E revelara a todos o verdadeiro poder dos estranhos homens que haviam chegado em cabaças gigantes que flutuavam sobre o mar.

Dali em diante esperaram a volta dos homens que fediam muito, para se aliar a eles e conseguir outras armas como aquela, capaz de tirar o espírito de um corpo mais rápido que flechas e tacapes.

Glossário

Acangatara: adorno de penas usado na cabeça durante as solenidades.
Anhangá: entidade maligna que habita a escuridão da mata.
Caiçara: cerca de proteção feita com estacas de madeira, erguida em torno da aldeia.
Coivara: queimada feita após a derrubada das árvores a fim de limpar o terreno e adubá-lo com as cinzas para a lavoura.
Curumim: criança.
Guará-piranga: guará (guirá) significa "garça", e piranga significa "de cor vermelha".
Içá: fêmea ou rainha de formigas voadoras que perdem as asas após o voo nupcial; tanajura.
Igá-ibira: espécie de árvore, de cuja casca do tronco, depois de moldada, construíam canoas.
Inis: redes.
Maracá: chocalho feito de cabaça, usado nos rituais religiosos e guerreiros.
Pitim: erva usada como incenso nas solenidades religiosas.
Saruê: gambá.
Tacape: arma ofensiva de madeira; maça, clava.
Ubaçu-iba: espécie de madeira usada para fazer fogo, por meio de fricção.

Choque cultural

Você está preparado para aceitar uma pessoa diferente? Se o preconceito existe até entre membros da mesma sociedade, por motivos tolos como dinheiro, posição social, grau de instrução ou cor de pele, já imaginou o que se passou entre índios e portugueses ao se encontrarem pela primeira vez?

Com os meios de comunicação ligando todo o planeta, atualmente não existem culturas desconhecidas. Mas naquela época foi como se um marciano esbarrasse em um venusiano em algum ponto da Via Láctea.

Talvez para os índios tenha sido mais difícil. Além de terem suas terras invadidas, conta-se que os navegadores europeus não tomavam banho durante toda a viagem. E que, como tirar uma armadura dava um trabalho danado, os guerreiros faziam suas necessidades lá dentro mesmo...

um ritual de iniciação

Dos 4 milhões de indígenas, aproximadamente, que viviam no Brasil em 1500, restam apenas 896.863, que representam cerca de 0,5% da população atual do país.

Os índios tinham semelhanças físicas mas diferiam culturalmente. Como desconheciam a escrita, todos os relatos da época foram feitos por europeus, que descreveram os costumes nativos com estranheza.

A sociedade igualitária, a economia de subsistência, a produção coletiva, os rituais, a aparência e o comportamento dos índios eram um choque para os europeus, cuja cultura se baseava na hierarquia social, na acumulação de capital, na propriedade individual e nos valores cristãos.

Toda a comunidade indígena participava da educação das crianças, que aprendiam com a convivência. Não recebiam castigo físico nem reprimendas; os adultos se abaixavam para conversar com elas.

O trabalho não era obrigação, mas uma responsabilidade coletiva que fazia parte do cotidiano, como as festas, os vários banhos diários no rio e as refeições, sem horários estabelecidos.

No final da infância, havia um ritual de passagem para a adolescência, que variava de grupo para grupo. Em alguns, os meninos recebiam um tembetá ou metara (adorno de osso, pedra ou madeira) no lábio inferior, simbolizando a virilidade. Só se tornavam adultos após demonstrar coragem e habilidade guerreira.

As meninas eram isoladas e ficavam em jejum por algum tempo, ouvindo mulheres mais velhas a respeito da condição feminina. Solteiras, usavam os cabelos soltos; ao se casarem, aos 12-13 anos, cortavam o cabelo à altura das orelhas, poliam os dentes e arrancavam pestanas e sobrancelhas.

A pintura corporal era fundamental no relacionamento entre as pessoas, pois identificava o indivíduo, sua ação e seus sentimentos.

disposição espacial da aldeia

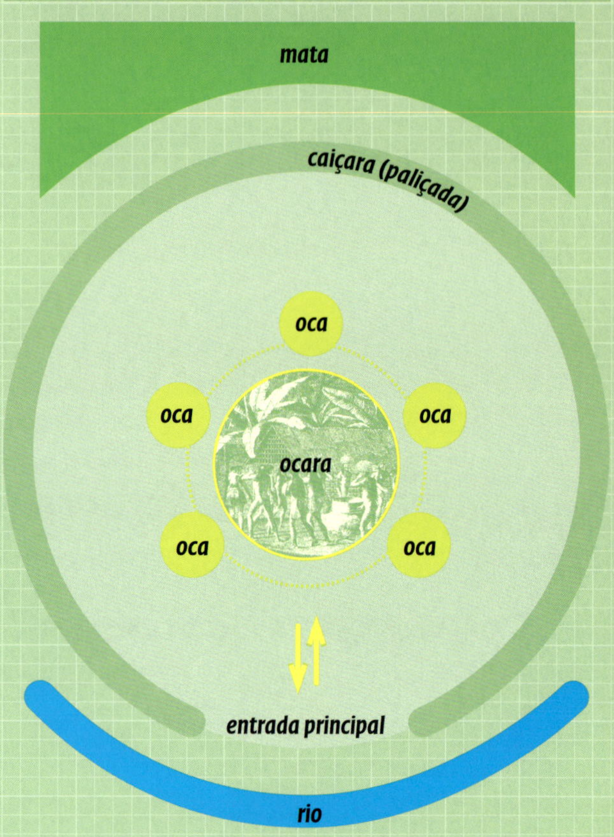

ocara

Reprodução/Biblioteca Municipal Mario de Andrade, São Paulo, SP

alguns tipos de oca

interior da oca

"

Os outros selvagens armados de arcos e tacapes, espécie de longas espadas de pau que cortavam como ferro, colocaram-se a par do velho, e prontos para o ataque, esperavam como ele. As mulheres misturaram-se com os guerreiros; as crianças e meninos, defendidos pela barreira que opunham os combatentes, conservaram-se no centro do campo.

Todos com os olhos fitos, os sentidos aplicados, contavam ver o inimigo aparecer a cada momento e se preparavam para cair sobre ele com a audácia e ímpeto de ataque que distinguia a raça dos Aimorés.

Um segundo se passou nesta expectativa inquieta.

O estalido que a princípio tinham ouvido cessou completamente; e os selvagens cobrando-se do susto, voltaram aos seus trabalhos, convencidos de que tinham sido iludidos por algum vago rumor na floresta.

Mas o inimigo caiu no meio deles, subitamente, sem que pudessem saber se tinha surgido do seio da terra, ou se tinha descido das nuvens.

Era Peri.

Altivo, nobre, radiante da coragem invencível e do sublime heroísmo de que já dera tantos exemplos, o índio se apresentava só em face de duzentos inimigos fortes e sequiosos de vingança.

"

ALENCAR, José de. O Guarani. *26. ed. São Paulo, Ática, 2010. p. 237-238.*

a presença portuguesa | século XVI

mapa da Terra Brasilis

Reprodução/Biblioteca Nacional, Paris, França.

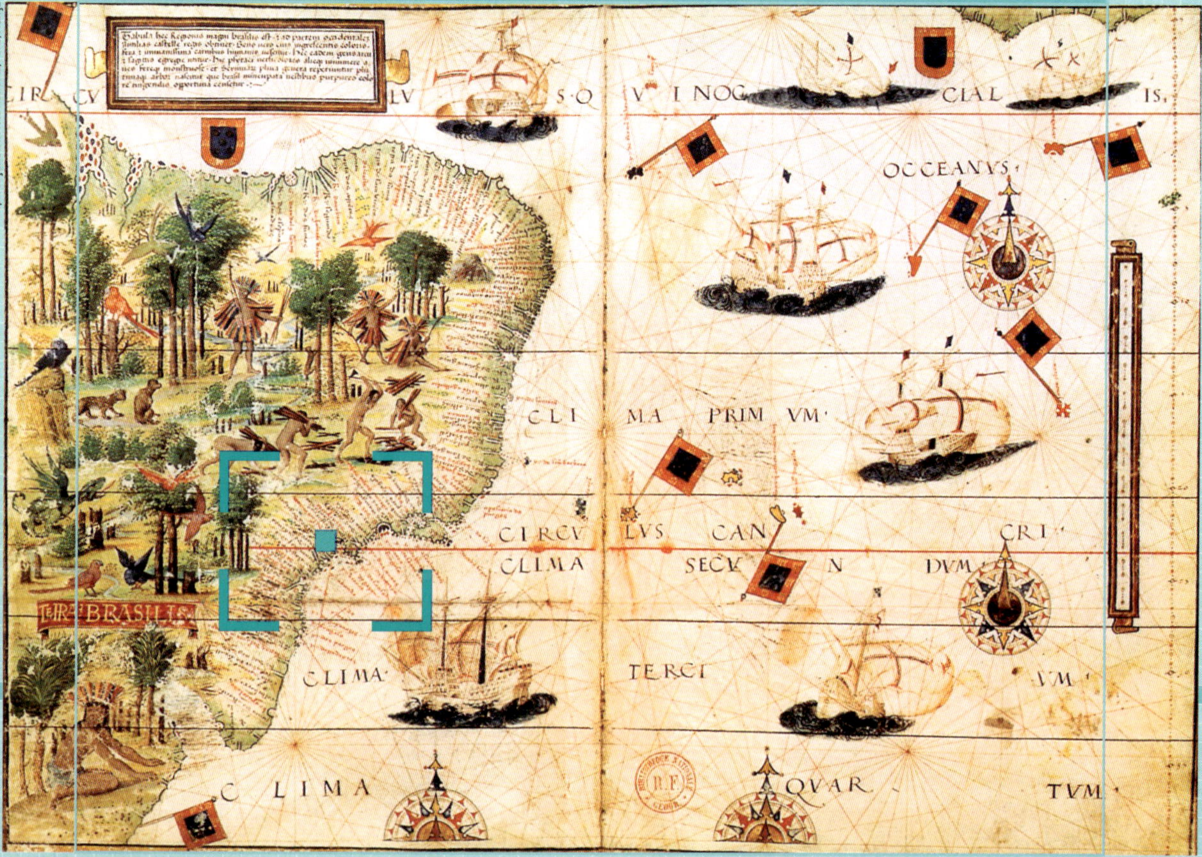

extração de pau-brasil

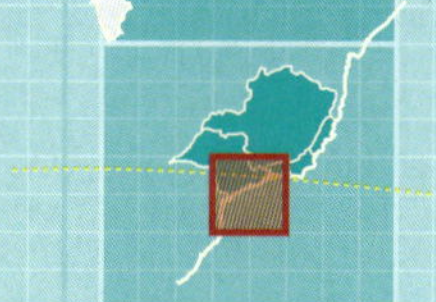

Reprodução/Fundação Biblioteca Nacional, Rio de Janeiro, RJ

Reprodução/Fundação Biblioteca Nacional, Rio de Janeiro, RJ

irmãos de sangue

[1] grumete
Marinheiro de graduação inferior, o grumete fazia os serviços mais pesados nas embarcações. Geralmente jovem, costumava ficar no convés.

Marcelo Gomes/Acervo do ilustrador

grumete 1

feitoria 2

traficantes de pau-brasil 3

Fábio Colombini/Acervo do fotógrafo

degredado 4

gentios 5

[2] feitoria
Misto de fortaleza e entreposto comercial, a feitoria foi usada principalmente para armazenar o pau-brasil encontrado no litoral brasileiro. Mercadoria valiosa para os portugueses, era extraída por índios que recebiam, em troca, espelhos, machados e anzóis.

[3] traficantes de pau-brasil
A árvore que deu nome ao nosso país foi tão cobiçada que chegou praticamente à extinção. Essa madeira forte e resistente à umidade era transformada em móveis na Europa e, principalmente, usada para tingir tecidos. Os franceses vinham em busca de pau-brasil nas terras portuguesas, o que era considerado um ato de pirataria.

[4] degredado
Condenado ao exílio perpétuo ou temporário longe de Portugal, o degredado não era necessariamente um criminoso. Questões políticas, ideológicas, religiosas ou morais também eram motivo de condenação ao degredo. Na nova terra, ele tentava estabelecer laços de amizade com as populações locais.

[5] gentios
Denominação dada aos índios na época; pagãos, não cristãos.

O **grumete** [1] montado na gávea gritou. A tripulação olhou primeiro para ele, no alto do mastro, depois para a direção em que apontava.

Mesmo entre o forte temporal que desabava puderam ver a mancha verde-escura e circular de uma cadeia de montanhas altas, cobertas pela mata fechada. Os olhos experientes do capitão souberam que ali se abria afinal uma pequena baía, que os protegeria do mau tempo, e ordenou penetrar nela e jogar a âncora ao mar.

A chuva que os fustigava havia uma semana pareceu aumentar, mas ao menos os ventos amainaram, contidos pelas encostas escarpadas do lado sul da baía.

Encontravam-se em algum ponto da costa da Terra dos Papagaios, entre a **feitoria** [2] de São Vicente e o porto dos Patos. Das três caravelas que haviam partido de Lisboa, em abril de 1528, uma fora afundada por franceses, **traficantes de pau-brasil** [3], no litoral do Nordeste, e a outra por recifes, mais ao sul, uma semana depois.

O capitão ordenou que três marujos descessem num batel até a praia, para verificar se no local havia lenha, caça, frutas e água doce. E se era seguro.

Assim fizeram os homens, e logo encontraram fartura de peixes, mariscos, aves e um riacho.

Depararam também com algo surpreendente. Muitas pegadas de índios na areia. E, entre elas, marcas de botas.

Quando o capitão soube do achado, alegrou-se.

— Há de ser algum **degredado** [4] que cá ficou. E pelo visto conquistou a confiança dos **gentios** [5].

Decidiu que aquele era um bom lugar para fundear e restabelecer o moral da tripulação antes de continuar sua missão, rumo ao sul.

A chuva não parou um só instante. Caía dia e noite, torrencial, exasperando os homens.

Construíram uma paliçada circular, de troncos pontiagudos, com um único portão, reforçado por grossas traves de cedro. No interior improvisaram duas choças, com paus e folhas de palmeiras.

Ali ficaram, esperando o tempo melhorar, distraindo-se em incursões à mata em volta, para caçar, jogando cartas e ensinando papagaios a falar.

De índios não tiveram mais sinais. Muito menos do misterioso dono das botas.

Certa noite escutaram pios assustados de corujas e uivos de felinos na floresta. Pouco depois, batidas fortes no portão da paliçada. Um grumete escalou a palmeira que servia de vigia, mas a escuridão e a chuva ininterrupta não deixavam ver nada.

Dois homens se aproximaram com arcabuzes e gritaram:

— Quem vem lá?

— Meu nome é Aleixo — disseram, do lado de fora. — Sou português e cristão. Estou só.

Outros homens armados foram chamados para dar cobertura e abriram o portão. Aleixo entrou e foi conduzido à choça do capitão.

A vela de sebo sobre a mesa iluminava o ambiente. Havia duas cadeiras e um baú, trazidos da caravela. Sobre a mesa, um mapa aberto, um garrafão de vinho, duas canecas de estanho e um prato com pedaços de palmito.

— Então és o dono das botas? — perguntou o capitão, apontando-lhe os pés. — Por causa delas aportei aqui.

— Sim, senhor. E quase não me restou mais nada.

Ele estava coberto com panos rudes, rasgados.

— Mas o que fazes aqui? Não és muito novo para o degredo?

— Tenho 16 anos. Cheguei a esta praia com 14.

— Senta-te, homem. Toma um trago e conta tua história.

Aleixo obedeceu, tomando o primeiro gole com grande satisfação.

— Estavas com saudades do vinho — riu-se o capitão.

— Só duas coisas me fazem falta aqui, senhor. O vinho e a **estrela polar** [6].

— Pois bebo contigo! À estrela polar! E então, como vieste ter aqui?

— Sou de Lisboa. De uma boa família. Meu pai era cosmógrafo, letrado. Morávamos na Rua Nova dos Mercadores... mas éramos uma família de **conversos** [7]... Meu pai e minha mãe foram mortos por intrigas dos padres dominicanos. Consegui fugir para a Espanha.

— Estão todos passando para o lado da Espanha...

— Fui criado no porto, senhor. Ouvindo histórias de navegantes. Meu pai lia para mim o *Mundus Novus* e a *Utopia*, de Tomas Morus. Sempre me quis fazer ao mar.

— E aí tens o resultado — o capitão riu e apontou-lhe as roupas em frangalhos.

— Fui para Sevilha e afinal embarquei como grumete numa expedição comandada por Sebastião Caboto.

— Os venezianos também estão a se vender à Espanha...

— Partimos com três naus e 150 homens, em abril de 1526. Paramos nas Canárias, em Cabo Verde e chegamos ao cabo de Santo Agostinho em junho.

— Uma viagem tranquila, decerto, pelo curto tempo que durou a travessia...

— Apesar do trabalho a que logo me submeteram, senhor, afirmo que comecei a viagem feliz, cheio de ânimo. Pelo que se comentava entre a tripulação, a missão de Caboto era atingir as Molucas, repetindo a rota de Fernão de Magalhães. E mais. No Oriente, tentaríamos chegar a Catai e Cipango. Diziam também que

[6] estrela polar
Enquanto no Brasil o Cruzeiro do Sul é referência no céu, no hemisfério norte as pessoas se orientam pela estrela polar. A ilustração mostra uma esfera armilar, instrumento de navegação da época, usado para verificar a posição das estrelas.

6 estrela polar

Reprodução/Museu Nacional da Dinamarca, Copenhague, Dinamarca

7 conversos

[7] conversos
Em 1496, o rei português ordenou que os judeus se convertessem ao catolicismo, passando a ser chamados de "conversos" ou "cristãos-novos". Para controlá-los, o governo organizou a Inquisição em 1536, com autorização do papa. Os que não se converteram deixaram Portugal.

secretamente procuraríamos os territórios de Tarsis e Ofir, para tomar posse dos tesouros do rei Salomão... Era, para mim, uma viagem de sonhos...

Os dois beberam em silêncio. A chuva caía, pesada. Duas goteiras batiam sobre o baú. A luz da vela fazia as sombras balançarem.

— Então Caboto o abandonou nesta praia?

— Sim, capitão.

— Na certa para fazer o primeiro contato com os índios.

— Não. Caboto não tinha interesses pelo caminho. Deixou-me aqui quase contra a vontade, pois na certa interessava-lhe mais meu trabalho como grumete.

— Então?

— Fui acusado de roubar facas, machados e anzóis para trocar com os índios. O verdadeiro ladrão era o pajem de um oficial, um protegido. Como era preciso punir alguém...

— Neste mundo paga-se por pecar e por não pecar.

— Mas ser desterrado foi até um alívio, senhor. Qualquer destino é melhor do que o do grumete... Trabalhamos de sol a sol e não podemos nem praguejar ou somos multados em 3 mil-réis.

— São formas de manter a disciplina. Praguejar é renegar Deus e a Virgem — riu-se o capitão. — Pior sorte têm os degredados, que comem ratos e baratas e usam pedaços de cadáveres como isca. Mas vives aqui desde então? Não foste morto pelos índios...

— São carijós. Gente de paz. Há aqui fartura de peixes e aves. Das pedras arranco mariscos de um palmo e tenho um casco de ostra tão grande que o senhor poderia lavar os pés nele. Na mata há palmito, mel, frutas e muita caça...

— Carijós... — repetiu o capitão, pensativo.

Serviram-se de mais vinho. Beberam em silêncio. A chuva parecia aumentar. O vento movia as folhas de palmeiras do teto, mudando as goteiras de lugar.

— Aleixo... estou aqui a pensar...

— Sim, capitão?

— Vou fazer-te uma proposta. De português para português. Somos irmãos de sangue...

— Irmãos de sangue, senhor. Isso é certo.

— Então escuta o que te vou propor. Quero que trabalhes para mim. Não como grumete... Arranjo-te mesmo um posto de oficial!

— Oficial?

— Estou em apuros, Aleixo. Perdi duas caravelas, e meus homens estão a ponto de amotinar-se. Querem que eu encha o porão de pau-brasil e volte a Portugal. Mas minha missão é outra. Muito mais lucrativa.

— Qual? Se me permite...

O capitão tomou um longo gole de vinho, limpou a barba com a mão e revelou:

— A serra da Prata. O Grande Rei Branco. Já ouviste falar dessas coisas, Aleixo?

— Já.

— Já? — espantou-se o outro.

— Primeiro, entre a própria tripulação de Caboto, senhor. Ele esqueceu as Molucas e os tesouros do rei Salomão já em Pernambuco, quando um tal de Jorge Gomes, um piloto português, subiu a bordo e encheu-lhe a cabeça com essas histórias sobre as riquezas do rio da Prata. Daí em diante resolveu explorá-lo. E ia a caminho de lá quando me abandonou aqui.

O capitão estava surpreso. Encheu as canecas e perguntou:

— E onde mais ouviste sobre isso?

— Dos próprios carijós, senhor.

O capitão arregalou os olhos e engasgou com o vinho.

— Dos carijós?

— Dizem até que há uma estrada que vai para o interior, para as montanhas. Eles a chamam de **Peabiru** [8]. Essa estrada leva à serra da Prata, ao reino do Grande Rei Branco.

— Se até os carijós... então tudo se confirma! — disse o capitão. — Aleixo, escute minha proposta. Minha missão é entrar na região do Prata.

— Mas aquele território não pertence à Espanha, senhor? Pelo Tratado de Tordesilhas, como dizia Caboto, toda a terra ao sul de Cananeia...

— O que vale nesses casos é a posse por achado. Foi o Estêvão de Fróis, um português, quem primeiro descobriu o rio da Prata, há catorze anos... Mas o que interessa é que, segundo os relatos, lá não se pode ir adiante em caravelas. O delta é raso, não permite embarcações de grande calado. Preciso construir um bergantim, Aleixo.

— Era o que Caboto pretendia fazer no porto dos Patos, senhor, antes de seguir viagem.

— Levarei um bergantim desmontado no porão. Terá de ser bem construído, em cedro e peroba. Tenho um bom carpinteiro para orientar o trabalho. Mas meus homens não se sujeitarão a um serviço tão pesado. O **trabalho** [9] pode ser feito pelos carijós...

8 Peabiru

[8] Peabiru
Trilha usada pelos índios antes da chegada dos europeus; atravessava Brasil, Paraguai, Bolívia e Peru. Portugueses e espanhóis seguiram por esse caminho, para chegar ao interior.

9 trabalho

[9] trabalho
O trabalho espontâneo do índio, obtido por escambo, troca, foi substituído pelo trabalho forçado. Os portugueses que vieram ao Brasil — degredados ou fidalgos — queriam mandar, não trabalhar, daí a escravização dos indígenas.

10 mulheres

Reprodução/Museus Castro Maya, Rio de Janeiro, RJ

[10] mulheres
Nas viagens de descobrimento e exploração, a tripulação era composta quase exclusivamente de homens. Na falta de mulheres brancas no Brasil, os portugueses amancebavam-se com as índias, chegando a ter várias ao mesmo tempo. Mais tarde, órfãs e até degredadas foram mandadas de Lisboa para se casar com os portugueses que aqui viviam.

— Acho que sim...

— Aleixo, tu servirás como língua da terra. Já conquistaste a confiança deles. Trabalharão para nós em troca de facões e machados. Depois do serviço pronto, levamo-los como escravos.

— Está certo, senhor.

— Consiga também **mulheres** [10] para os meus homens, filho. Eles precisam se alegrar.

— Como o senhor quiser.

— Dizem que há por lá uma montanha toda de prata! Com picos onde a neve nunca desaparece... E que os súditos desse Rei Branco usam armaduras de ouro batido e armas de prata!

— É o que se diz, capitão.

— Terás participação em tudo, filho. Farei de ti um capitão! Serás um homem rico, poderoso e respeitado! Voltarás a viver junto aos teus irmãos de sangue! Um brinde.

Encheram as canecas e saudaram a nova sociedade.

Continuaram a beber noite afora, traçando planos e sonhando com ouro e prata.

A chuva e o vento não pararam um só instante. A chama da vela oscilava, consumindo o sebo mais rápido.

Por fim o capitão tirou uma rede do baú, esticou-a nos esteios da choça e a ofereceu para que Aleixo passasse a noite. Depois foi acomodar-se na sua, do lado oposto.

Um pouco antes do sol nascer Aleixo saiu.

Todos ainda dormiam. A chuva desabava, torrencial.

Abriu o pesado portão de cedro e atravessou a paliçada.

Deixou o portão aberto.

Caminhou pela areia até uma pedra arredondada, fustigada pelo mar. Subiu na pedra e uivou como um felino.

Ao sinal, guerreiros carijós saíram da mata, invadiram o acampamento e surpreenderam os homens, matando-os a flechadas e golpes de tacape.

Aleixo tirou as botas e as embrulhou com cuidado em um pedaço de pano.

"Todos os homens são irmãos de sangue. Mas algumas tribos são inimigas."

Justiça seja feita

O jovem Aleixo se aliou aos índios carijós, "traindo", assim, os seus conterrâneos.

Mas, afinal, a quem ele devia mais? Aos que o desterraram e mataram seu pai ou àqueles que lhe deram abrigo em uma terra desconhecida? Cada grupo tinha costumes, origens e concepções de mundo totalmente diferentes.

Quem estava com a razão?

Os invasores, que vinham em busca de riquezas, explorando e escravizando os nativos, ou os habitantes originais, integrados na natureza, vivendo a sua vida? Todos os homens são irmãos de sangue, não importa se carijós ou portugueses.

na viagem, comiam ratos e baratas

Na Idade Moderna, vigoravam em Portugal leis muito severas, que puniam vários delitos e crimes com o degredo: exílio temporário ou perpétuo. Não descobrir a cabeça diante de uma procissão, não responder devidamente à saudação pública ao rei, falar palavrões, gritar ou mostrar afetividade às mulheres em público eram crimes passíveis dessa condenação, além de matar, roubar, criticar o rei e não seguir a religião oficial.

Os exilados pertenciam a diferentes camadas sociais. Podiam ser nobres ou camponeses, letrados ou analfabetos, jovens ou velhos, homens ou mulheres, religiosos ou leigos.

Na viagem para o exílio, os degredados ficavam no convés dos navios, onde estavam sujeitos a doenças.

Como a população portuguesa não era numerosa, convinha aproveitar os degredados nas novas terras. Muitos foram deixados no Brasil nas primeiras décadas do século XVI, e, quando aceitos, viviam entre os indígenas, aprendiam sua língua e até exerciam papel de destaque nas aldeias, tendo várias mulheres. Depois, alguns deles agiram como intermediários no escambo com os europeus, facilitaram a colonização e receberam o perdão.

Esses "malfeitores" tinham mais condições de ajudar a desbravar a terra do que gente acostumada ao luxo da Corte. Algumas degredadas foram enviadas ao Brasil para se casar com os portugueses, pois eram raríssimas as mulheres brancas na Colônia.

Por outro lado, alguns exilados embrenharam-se na mata e abandonaram os valores europeus. Integraram-se a um novo grupo, totalmente estranho. Por isso andavam nus, comiam raízes e deixavam de lado suas crenças religiosas e políticas para ser fiéis ao grupo que os aceitou.

a Inquisição

Reprodução/Biblioteca Nacional de Praga, República Tcheca

A Inquisição também atuou na América de colonização ibérica. Nas terras espanholas, foram instalados três tribunais; no Brasil, embora não houvesse um tribunal, sua presença se manifestou nas visitações, sendo a primeira à Bahia em 1591. Os visitadores faziam as investigações e os suspeitos presos na colônia eram mandados a Lisboa, para o julgamento. Em alguns casos, aplicou-se a pena capital: a morte na fogueira. A Inquisição foi extinta em Portugal e na Espanha somente no século XIX.

cerimônia dos autos de fé

Na península Ibérica, a Inquisição foi controlada pelo Estado, tendo como alvo os conversos.

Os autos de fé eram cerimônias públicas, realizadas uma vez por ano. Começavam com uma procissão seguida de missa, após a qual os réus ouviam sua sentença.

Em caso de condenação à fogueira, os réus eram levados ao queimadeiro. Os condenados vestiam os sambenitos ("sacos benditos") e usavam chapéus pontudos.

"

Ó mar salgado, quanto do teu sal
São lágrimas de Portugal!
Por te cruzarmos, quantas mães choraram,
Quantos filhos em vão rezaram!
Quantas noivas ficaram por casar
Para que fosses nosso, ó mar!

Valeu a pena? Tudo vale a pena
Se a alma não é pequena.
Quem quer passar além do Bojador
Tem que passar além da dor.
Deus ao mar o perigo e o abismo deu,
Mas nele é que espelhou o céu.

"

PESSOA, Fernando. Mensagem. *São Paulo, Companhia das Letras, 2000. p. 64.*

o domínio holandês no Nordeste | século XVII

a moenda portátil

Além do engenho real (movido à força de água, ver p. 27) e do trapiche (força animal, ver p. 28), havia moendas portáteis, movidas à força humana.

A moenda portátil era usada para produção em pequenas quantidades.

Reprodução/Museus Castro Maya, Rio de Janeiro, RJ

Note que neste desenho o eixo é girado no sentido anti-horário.

Portanto, a cana deveria entrar do lado direito, e o bagaço sair à esquerda. O artista se enganou.

Estas três figuras são detalhes de um mesmo quadro de Jean-Baptiste Debret, pintor parisiense que veio ao Brasil na Missão Artística Francesa de 1816.

“

Depois do café mandaram-me para o engenho, que estava nos fins da moagem. Eram uns restos de cana que aproveitavam.
[...]
Ficava a fábrica bem perto da casa-grande. Um enorme edifício de telhado baixo, com quatro biqueiras e um bueiro branco, a boca cortada em diagonal. Não sei por que os meninos gostam tanto das máquinas. Minha atenção inteira foi para o mecanismo do engenho. Não reparei em mais nada. [...] Tio Juca começou a me mostrar como se fazia o açúcar. O mestre Cândido com uma cuia de água de cal deitando nas tachas e as tachas fervendo, o côcho com o caldo frio e uma fumaça cheirosa entrando pela boca da gente.

”

REGO, José Lins do. Menino do engenho. *104. ed. Rio de Janeiro, José Olympio, 2012. p. 34.*

o bandeirismo em São Paulo | século XVII

São Paulo de Piratininga: "boca do sertão"

Nasha Gil/Acervo da ilustradora

Casa da Câmara de São Paulo

Marcelo Gomes/Acervo do ilustrador

Marcelo Gomes/Acervo do ilustrador

o sal da terra

1 bandeira

Reprodução/Museu Imperial, Petrópolis, RJ

2 Manuel de Campos Bicudo

3 velha trilha indígena

[1] bandeira
No período colonial, os habitantes de São Paulo iam "buscar o remédio para a sua pobreza" no sertão: índios, para trabalhar como escravos, e metais e pedras preciosas. Essas expedições foram chamadas de "bandeiras", e seus participantes, de "bandeirantes".

[2] Manuel de Campos Bicudo
Vivia na vila de São Paulo de Piratininga e realizou 24 expedições. Comandou a grande bandeira mencionada no conto, que chegou à cabeceira do rio Tapajós, no noroeste de Mato Grosso. Dela fazia parte seu filho Antônio Pires de Campos, de 14 anos.

Reprodução/Coleção Sérgio Sahone Fadel, Rio de Janeiro, RJ

[3] velha trilha indígena
A vila de São Paulo surgiu a partir de um colégio, fundado pelos jesuítas em 1554. Estava isolada do litoral pela serra do Mar; para chegar a São Vicente, usava-se parte da trilha indígena chamada Peabiru.

Só porque Macário era um ano mais novo que seu amigo Antônio não pôde participar da grande **bandeira** [1] ao sertão, rumo ao Nordeste, a fim de aprisionar índios e descobrir ouro e prata.

Mas as Ordenações eram claras: a Ata V, II, determinava que a idade militar começava dos "14 anos arriba". Só então era o homem considerado capaz para lutar "a serviço de Sua Majestade". Daí em diante podia combater piratas e índios; ser mandado a outras capitanias, lutar contra invasores estrangeiros; ou, como todos os meninos da vila de São Paulo sonhavam, entrar na mata misteriosa que os cercava desde criança, atrás das fabulosas minas de ouro, prata e esmeraldas.

Mas Macário tinha 13 anos e ficou para trás.

O pior foi assistir aos preparativos da longa viagem.

O ano era 1670. A bandeira seria comandada por **Manuel de Campos Bicudo** [2], um sertanista experiente, que já participara de mais de dez expedições como aquela. Antônio Pires do Campo, o amigo de Macário, era filho de Manuel Bicudo.

Essas jornadas mobilizavam todo o povo: centenas de índios, como guias, batedores e para o trabalho pesado; homens brancos e mestiços; ferreiros; escrivães; boticários; sapateiros; proprietários de terras; um capelão... Praticamente só ficavam na vila velhos, mulheres, crianças e inválidos.

Os aprestos duravam semanas. Espingardas, mosquetes, arcabuzes e pistolas eram consertados e azeitados; afiavam-se espadas, adagas e facões; os índios faziam flechas e arcos. A comida para os primeiros dias era armazenada em cabaças e canastras. Compravam todo sal, rapadura e "farinha de guerra" que havia na vila. Vendedores ambulantes traziam mercadorias de São Vicente, pela **velha trilha indígena** [3] que vinha do mar. Rezavam-se missas nas igrejas e ermidas. Os homens de posses ditavam testamentos aos escrivães. Os **"homens bons"** [4], da Câmara dos vereadores, estabeleciam normas e as fiscalizavam.

Macário viu seu melhor amigo aprontar-se para a viagem. O gibão de armas feito sob medida; a bota de porco; as meias-calças e o gorro de couro de anta; o terçado à cintura e o mosquete de seis palmos, que mal podia carregar.

E afinal Antônio partiu, imponente, ao lado do pai. Macário assistiu à companhia passar.

Ficou revoltado. Considerava-se um homem. Não era justo. Já caçava, não temia o mato, sabia atirar e manejar a espada.

Reprodução/Coleção particular

4 "homens bons"

[4] "homens bons" *Os portugueses e seus descendentes, católicos, que não faziam trabalho manual, eram chamados de "homens bons". Exerciam o poder local nas Câmaras, órgãos de administração das vilas coloniais.*

O pior estava por vir. O isolamento. A vila esvaziada. Os "homens bons" de volta para suas fazendas, levando os índios. Os comerciantes forasteiros descendo para o litoral. As mulheres e as crianças trancadas em casa.

O tédio.

O pai de Macário, um sertanista respeitado, durante toda a vida procurando esmeraldas, só encontrou turmalinas. Foi morto durante um ataque dos guaicurus, quando acampava às margens do rio Taquari. Deixou como herança uma escopeta, onze vinténs de pólvora, um machado de 200 réis, quatro frangos e um peru.

Dos gentios que caçou, uma delas, pega a laço, tornou-se a mãe de Macário.

Com a morte do marido, a mulher abriu uma tenda na testada de sua casa e conseguiu um fiador junto à Câmara, para poder trabalhar como padeira.

Ela comprava o trigo nas fazendas, fazia os pães e os vendia no tabuleiro, pelas ruas da vila. Macário a ajudava. O trabalho não era difícil. As ruas eram poucas, e os fregueses, menos ainda.

Ela também comprava o vinho do Reino, em pipas, e o vendia em botijas. Macário ganhava uns vinténs extras como carregador e moleque de recados, mas, depois de uma bandeira como aquela, em que partira seu amigo Antônio, não havia o que carregar nem recados a dar. E o estoque de pão e vinho se acabara.

Só lhe restava pescar.

Saiu cedo de casa, com vara, anzol e uma **cabaça de jacuba** [5] e se instalou numa curva afastada do **rio Anhembi** [6], atrás de lambaris e traíras.

O tempo passou, e ele sem fisgar nada. Então avistou uma canoa solitária descendo o rio. Veio deslizando lentamente sobre as águas calmas, até embicar num barranco, a poucos passos dele.

Havia um homem deitado lá dentro. Morto.

Um homem com uma longa barba esbranquiçada. Trazia o gibão e o calção de couro de anta em frangalhos.

Uma flecha fora enterrada bem fundo em sua barriga.

Macário acabou de rasgar o gibão. A pele em volta do ferimento estava preta. Flecha envenenada.

No forro do gibão apareceu um rolo de papel, com um palmo de comprimento. Macário o puxou e desenrolou.

5 cabaça de jacuba

[5] cabaça de jacuba
Jacuba era uma mistura de água com farinha de mandioca que os bandeirantes iam bebendo durante a caminhada, para espantar a fome. Essa bebida era guardada em cabaças, como tantos outros alimentos na época.

6 rio Anhembi

[6] rio Anhembi
É o atual Tietê, que corta grande parte do Estado de São Paulo, chegando até a divisa com Mato Grosso do Sul. Por correr do litoral para o interior e ter boa navegabilidade, foi a via fluvial mais utilizada desde o período colonial.

Na parte de cima havia alguma coisa escrita.

Embaixo, o desenho de um mapa.

Assustado com a descoberta, não viu quando a canoa se desprendeu do barranco. Foi arrastada pela correnteza. Tentou alcançá-la, mas o mato fechado o impediu, e ela sumiu na curva do Anhembi.

Correu de volta à vila.

Não contou a ninguém. Foi falar com o padre Barriga no final da tarde.

Ele sabia ler e era velho demais para tirar-lhe o mapa.

A vila deserta. Os sinos não repicavam. O gado pastava nos terrenos baldios, enchendo de bostas as vielas e os alpendres das casas.

O velho Barriga morava num barraco coberto de palha, nos fundos do terreno da Igreja da Misericórdia. Era um capelão beneditino de quase 80 anos, que participara de mais de trinta bandeiras e agora vivia preso a uma rede, com paralisia nas pernas.

Costumava delirar. E seu ventre dilatado explodia em ventosidades que afugentavam as visitas.

— Padre Barriga — anunciou-se Macário, sentando-se num caixote, junto à rede. — Posso falar com vossa mercê?

— O menino do pão? O ladrãozinho que rouba no peso! Vou denunciar sua mãe ao ouvidor! O pão precisa pesar mais de um arrátel e meio!

— Trarei vinho, para compensar — prometeu o menino.

— Tua mãe faz o contrário de Nosso Senhor Jesus Cristo. De tanto batizá-lo, transforma o vinho em água!

— Vim conversar sobre viagens, minas, índios... — Macário desviou o assunto.

Sabia que o velho não resistia às próprias recordações.

— Pois sejamos rápidos. Preciso aviar-me para o sertão, conquistar ouro e prata, onde os índios não sejam muito contrários. O que queres?

— Que vossa mercê leia um papel que encontrei no mato.

Macário desenrolou o mapa diante do velho.

— Achas que sou filho de coruja? Acende o candeeiro de azeite!

Macário não encontrou candeeiro nem lamparina. Acendeu um coto de vela de sebo e o aproximou do papel.

Padre Barriga leu o cabeçalho:

— Aqui está escrito... Mateus 5, versículos 13 e 14...

— E embaixo?... — apontou o menino, ansioso.

Indo à luta

Na época em que Macário vivia, a maioridade começava aos 14 anos. A partir dessa idade os homens eram responsáveis pelos próprios atos e começavam a batalha pela vida.

Quer dizer, não existia o que agora se chama adolescência (e parece que continua não existindo, para quem não tem dinheiro...).

A infância terminava aos 13 anos. Daí em diante acabava a moleza. Era preciso ir à luta.

E, como disse a viúva do conto, isso significava não sair de casa ou então ir muito longe. No caso dos bandeirantes, muito longe mesmo.

— Humm... isto é um mapa... Não há dúvida. O nome do rio é... Anhembi... O outro parece... Moji...Guaçu. Esta linha pontilhada... É um mapa fácil. Para o norte, entre um rio e outro, no alto destas montanhas... o que quer que seja, está aqui, nesta cruz grande.

— E no alto da cruz! Há um nome aí!

— É verdade! E em letras bem feitas.

— O que está escrito? O que é?

— "Meu tesouro."

— O quê?

— "Meu tesouro" — repetiu o velho.

Instintivamente, Macário tirou o papel da mão do velho.

— É um mapa de tesouro — disse o padre Barriga, com os olhos muito abertos. — Onde o encontraste?

Macário ficou confuso. Se a notícia se espalhasse, perderia tudo. Tirar-lhe-iam o mapa, aprestariam bandeiras e o deixariam de fora. Por outro lado, precisava orientação de alguém mais experiente. Não viu alternativa a não ser abrir-se com o capelão. Sempre poderia esconder o papel e acusar o velho de louco.

— Estava no bocaxim do gibão de um homem que desceu o Anhembi numa canoa, morto. Bem morto. Uma flechada... Mas peço que vossa mercê explique mais. O que é isto aqui em cima... "Mateus 5, 13 e 14"?

— Está no Novo Testamento... Evangelho de Mateus, capítulo 5, versículo 13: "Vós sois o sal da terra. E se o sal perder a sua força, com que será ele salgado?..." E o versículo 14: "Vós sois a luz do mundo. Não pode esconder-se uma cidade situada sobre um monte..."

— O que isso quer dizer?

Padre Barriga agarrou as bordas da rede com força, agitado, tentando mexer as pernas:

— O nosso Potosí! A nossa montanha reluzente! Virgem Nossa Senhora Mãe Sua! Vai pegar meu mosquete! Manda meu tapanhuno arrumar a canastra!

— Calma, padre...

— Potosí! Não sabes o que é?

— Ouvi falar...

— A montanha de prata! O espanhóis a encontraram! Mais dadivosa se mostrou a providência divina aos castelhanos que a nós, portugueses... mas também temos a nossa montanha de prata! A **serra do Sabarabuçu** [7]!

7 **serra do Sabarabuçu**

[7] serra do Sabarabuçu
Montanha lendária, era descrita como uma "serra resplandecente" pelos índios. No imaginário da época podia ser toda de ouro ou prata. Também conhecida como "serra das Esmeraldas", foi alvo da famosa bandeira de Fernão Dias. Sabarabuçu seria o equivalente nacional da serra de Potosí, na Bolívia, onde foram descobertas minas de prata.

Marcelo Gomes/Acervo do ilustrador

8 jesuítas

[8] jesuítas
A Companhia de Jesus foi criada na Europa no século XVI para catequizar povos em outros continentes. Considerados "soldados de Cristo", os jesuítas também criaram colégios, monopolizando o ensino no Brasil Colônia até o século XVIII.

— Essa história eu conheço. Muitas companhias partiram para lá, mas nunca a descobriram... Meu amigo Antônio Pires também foi atrás de prata... Mas por que vossa mercê está falando disso?

O velho apertou-lhe o braço com os dedos ossudos e disse, olhando para os lados:

— Sabes como o ouro é chamado? Não? O "sol da terra". E a prata?

— O "sal da terra"? — arriscou Macário.

— Essa citação da Bíblia é um sinal... O homem de quem tiraste o mapa descobriu prata e fala dela: "Vós sois o sal da terra". E acrescenta: "Não se pode esconder uma cidade situada sobre um monte"! A mina está no pico de uma montanha! É o que sempre disseram os antigos! Este mapa mostra o caminho para a serra do Sabarabuçu! Está bem aí, na cruz... no lugar onde o homem escreveu "Meu tesouro"!

Macário assustou-se. O velho falava alto. Alguém podia estar escutando através daquelas paredes esburacadas. Mas o capelão não largava seu braço nem parava de falar e soltar traques:

— Onde está minha adaga? Pelo Arcanjo São Miguel, não digas nada aos **jesuítas** [8]! Eles só prestam para amansar índio! Chovem flechas envenenadas em cima dos homens! Eu também fui buscar meus remédios no sertão! Meu alforje está pronto? Vamos partir! Quem deve é cativo!

Macário desvencilhou-se e correu para casa.

Sua mãe ainda não voltara dos trigais, para os lados do Anhangabaú.

Estendeu um lençol velho no chão e jogou sobre ele uma rede, uma botija de vinho, um pedaço de carne salgada, um pacote de biju, outro de farinha, linha, anzol, uma cabaça de sal e, o mais importante, a herança de seu pai: o machado, a escopeta e a pólvora. Amarrou as quatro pontas do lençol, atravessou por baixo um cabo de enxada e saiu pelos fundos do terreno, com a trouxa nas costas, em direção à montanha de prata do Sabarabuçu.

"Mais cedo ou mais tarde todos acabam entrando no mato", dizia seu pai.

Duas coisas precisava temer, acima de tudo: onça e índio. Da primeira se prevenia amarrando a rede nos galhos, à noite, e dormindo na copa das árvores. Dos índios, procurava manter-se afastado, não seguindo por trilhas já abertas.

Caminhando só, Macário não fazia barulho; ia pelas sombras, ninguém o notava.

Começou subindo as margens do Anhembi. Pequeno, ágil, esperto, atravessava os campos sem ser visto, colhendo frutas, pescando, caçando passarinhos a pedradas.

E veio a mata fechada e seus mistérios. As grandes cobras. A algazarra dos micos. Os rastros de onça. Os pios e uivos assustadores. Enrolado na rede, como num casulo, balançando no alto das árvores, o barulho assustador da floresta embalava suas noites.

Apesar do medo constante, em momento algum duvidou de seus propósitos. Encontraria a montanha de prata do Sabarabuçu e daria à sua mãe uma casa coberta de telhas em rua que passasse procissão, um manto de tafetá para a missa, uma canastra...

Várias vezes por dia consultava o mapa. As instruções eram claras. Em certo ponto do Anhembi, por uma pinguela, passaria para o outro lado. Atravessaria uma planície seguindo um riacho até um pé de serra. Havia descrições de vários pontos pelo caminho, para se guiar: uma pedra redonda, duas palmeiras crescendo juntas, troncos marcados com uma seta... não podia errar. E não parecia longe.

Às vezes o perigo era muito.

Certa manhã, ainda pendurado nos galhos, viu uma legião de tamoios passar por baixo, brandindo tacapes, pintados para a guerra.

Várias noites passou em claro, ouvindo o fungar faminto de onças.

Encontrou uma jararaca enrolada em suas roupas quando voltou de um banho de rio. E mais de uma vez teve de passar vinho nas pernas, lancetadas por encontros inesperados com porcos-espinhos.

Atingiu afinal as montanhas e começou a subida, guiando-se por um riacho. Em sua nascente encontraria o local marcado com a cruz: "Meu tesouro".

A caminhada foi difícil. Para não se afastar das margens teve de escalar pedras, molhar-se em cachoeiras de águas geladas, escorregar em limos e cortar-se nas rochas afiadas. Seus pés e mãos sangravam. Cobras o ameaçavam nas grutas úmidas e escuras.

Obcecado, vendo o cume da montanha se aproximar a cada dia, esqueceu-se de comer, dormiu no chão, enrolado na rede, e bebeu o resto do vinho.

E então, numa tarde, quando o riacho não era mais do que um filete de água cristalina, chegou ao cimo da montanha.

Viu, entre a névoa, num platô com vegetação rasteira, um conjunto de pequenas casas de pau a pique.

Bateu na porta da primeira delas. Uma senhora de cabelos muito compridos e brancos abriu. Macário deu dois passos e desmaiou.

Quando acordou estava confortável, balançando numa rede macia, ao lado da lareira acesa.

A mulher trouxe-lhe um copo de **leite de cabra** [9], broa de milho e uma cabaça de mel.

Macário contou sua história.

[9] leite de cabra

No Brasil, não havia bois, cavalos, cabras, ovelhas, porcos e galinhas. Esses animais foram trazidos da Europa.

Reprodução/Museu do Louvre, Paris, França

leite de cabra 9

Era sal mesmo 10

[10] Era sal mesmo

Indispensável ao paladar europeu, o sal também era importante para a criação de gado. O comércio de sal era monopólio da Coroa portuguesa, por isso o produto era raro e caro na Colônia.

A mulher chorou.

— És um enviado de Deus — ela disse. — Vieste por esses caminhos fragosos para me comunicar a morte de meu marido. É melhor isso do que nunca saber de seu destino.

— Sinto muito, senhora. Foram os índios. Flecha envenenada.

— Eu disse a ele que não fosse à vila de São Paulo... mas os homens daqui ou não saem de casa ou vão muito longe.

Macário então tirou o mapa do capuz, mostrou-o a ela e confessou:

— Encontrei isso com ele. Vim atrás da montanha de prata. Aqui é Sabarabuçu, não é? Se a mina já tem dono, eu respeito. Quero só permissão para lavrar e levar algumas pedras, porque minha mãe é padeira, e ninguém enriquece batendo massa e deitando água no vinho.

A mulher espantou-se:

— Aqui não é Sabarabuçu. E não há nenhuma mina de prata. Vivemos isolados nessa pequena comunidade, criando cabras e plantando milho.

— Mas, senhora... o mapa... — afligiu-se Macário. — Está bem aqui, vê? "Meu tesouro"!

A mulher sorriu e seus olhos se encheram de lágrimas:

— Era assim que meu bom homem me chamava... Levou este mapa para não se perder.

— E a citação? O Evangelho de Mateus?

— Ele era um bom cristão. Dizia que o versículo 14 tratava da nossa comunidade... que um dia falariam de nós... "Não se pode esconder uma cidade situada sobre um monte"...

— E o "sal da terra"? Não é prata?

— Não. **Era sal mesmo** [10]. Vivíamos felizes aqui... A única coisa que o atormentava era a falta de sal. Tentamos fazer sal do tronco das palmeiras, como os índios, mas tem um gosto horrível.

— A senhora está dizendo então que seu marido só foi à vila...

— Que Deus o tenha! Pois foi. Comprar sal.

uma saia custava tanto quanto uma casa

Isolada do litoral pela serra do Mar, a vila de São Paulo surgiu a partir de um colégio fundado pelos jesuítas em 1554, no ponto mais avançado do interior do território português. Concentrou homens cheios de ilusões, cujos olhos se voltavam para o sertão, onde esperavam encontrar riqueza, mas certamente deparavam com animais ferozes, índios inimigos, mata cerrada e doenças.

Como era grande a presença de índios e mamelucos, os colonos adquiriram muitos dos seus hábitos – dormir em redes, consumir alimentos indígenas – e aprenderam tupi. Em 1620 a única cama confortável que havia na cidade foi requisitada para um juiz forasteiro, sob protestos do dono.

Os paulistas viviam sem luxo algum. Uma roça custava menos que uma saia de cetim; uma poltrona, uma fronha bordada, um chapéu de plumas valiam tanto quanto um cavalo ou uma vaca; uma saia europeia ou quatro colchões usados equivaliam a uma casa na cidade.

A fim de buscar o seu ganho, organizaram expedições para o interior, procurando índios para escravizar, além de metais e pedras preciosas. A disciplina rígida era mantida pelo chefe, que tinha poder de vida e morte sobre os participantes. Fernão Dias chegou a mandar matar o próprio filho, que o desafiara!

A maioria dos homens ficava longe de casa por vários anos. Na ausência do marido, as mulheres chefiavam o lar, cuidavam dos bens e dos filhos. Por isso, as mulheres paulistas tiveram participação mais ativa na sociedade do que as do Nordeste açucareiro.

Excitados pela aventura, os meninos queriam ser adultos logo. Aprenderiam, na prática, como achar água e ervas medicinais, a se orientar a se defender das onças e cobras e a distinguir os bons frutos dos venenosos.

Quem sabe, transformariam os sonhos em realidade.

o bandeirante

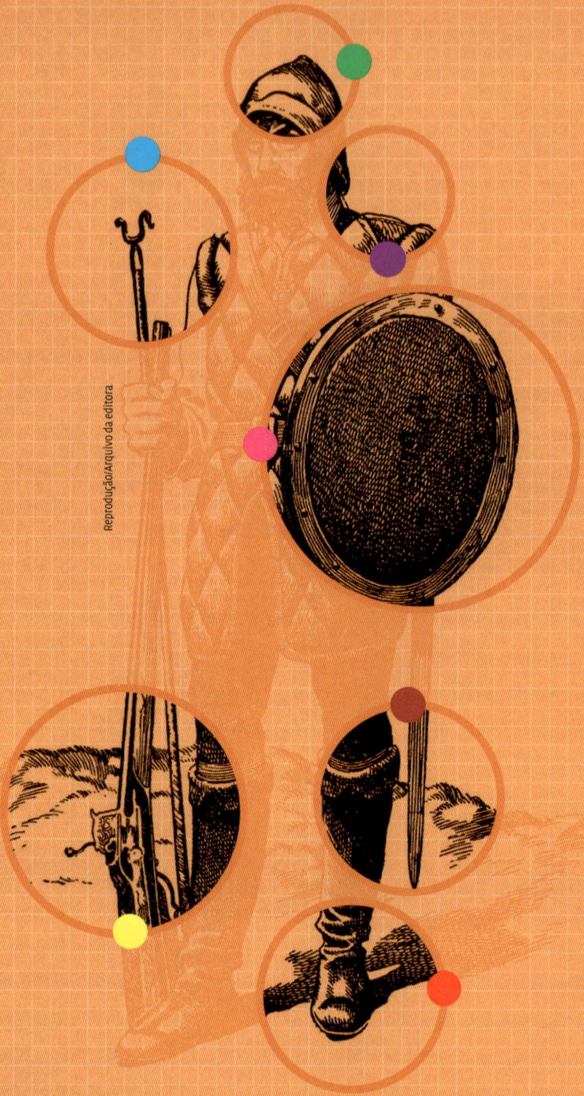

- **forquilha**
- **gualteira** *(capuz)* **de couro de anta**
- **gibão de armas** *(colete forrado de algodão)*
- **rodela** *(escudo, geralmente de madeira, circundado por aro de metal)*
- **espada**
- **bota de couro de cabr**
- **arcabuz**

bênção na igreja

Os integrantes das bandeiras buscavam na igreja a proteção divina para suas expedições arriscadas — e muitas vezes violentas.

"

Foi em março, ao findar das chuvas, quase à entrada
Do outono, quando a terra, em sede requeimada,
Bebera longamente as águas da estação,
— Que, em bandeira, buscando esmeraldas e prata,
À frente dos peões filhos da rude mata,
Fernão Dias Pais Leme entrou pelo sertão.
[...]
Sete anos! combatendo índios, febres, paludes,
Feras, répteis, — contendo os sertanejos rudes,
Dominando o furor da amotinada escolta...
Sete anos!... E ei-lo volta, enfim, com o seu tesouro!
Com que amor, contra o peito, a sacola de couro
Aperta, a transbordar de pedras verdes! — volta...
[...]
E o delírio começa. A mão, que a febre agita,
Ergue-se, treme no ar, sobe, descamba aflita,
Crispa os dedos, e sonda a terra, e escarva o chão:
Sangra as unhas, revolve as raízes, acerta,
Agarra o saco, e apalpa-o, e contra o peito o aperta,
Como para o enterrar dentro do coração.

Ah! mísero demente! o teu tesouro é falso!
Tu caminhaste em vão, por sete anos, no encalço
De uma nuvem falaz, de um sonho malfazejo!
Enganou-te a ambição! mais pobre que um mendigo,
Agonizas, sem luz, sem amor, sem amigo,
Sem ter quem te conceda a extrema-unção de um beijo!

"

BILAC, Olavo. "*Caçador de esmeraldas.*" In: LIMA, Alceu Amoroso. Olavo Bilac. Poesia. Rio de Janeiro, Agir, 1968. p. 73-82.

a febre do ouro em Minas Gerais | século XVIII

mapa de arraiais e vilas em Minas Gerais

Reprodução/Instituto Histórico e Geográfico Brasileiro, Rio de Janeiro, RJ

vista da cidade de Sabará

Reprodução/Fundação Biblioteca Nacional, Rio de Janeiro, RJ

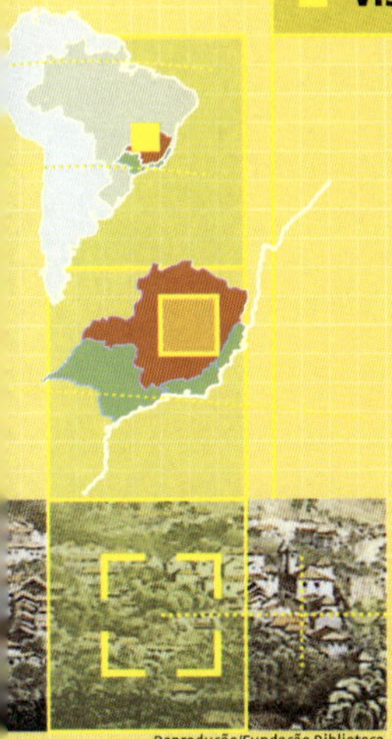

Reprodução/Fundação Biblioteca Nacional, Rio de Janeiro, RJ

dinheiro sujo

faiscação

1

Marcelo Gomes/Acervo do ilustrador

tropeiro

2

[1] faiscação

O ouro de aluvião ficava depositado no leito dos rios, de onde era retirado com bateias — bacias de metal ou madeira — que os faiscadores balançavam para separar as pepitas da areia.

[2] tropeiro

O abastecimento da capitania de Minas Gerais era feito pelos tropeiros, que traziam as mercadorias da Bahia, do Rio de Janeiro e de São Paulo no lombo de mulas. Foi a mineração que dinamizou o comércio interno na Colônia. Os impostos, a falta de produtos e o grande número de consumidores elevavam os preços.

Tudo começou por causa de uma pepita de ouro do tamanho de um grão de milho e uma botija de cachaça.

O português Pascoal, a negra Teresa e o irmão de Pascoal, José, estavam estendidos em um espraiado, num final de tarde já frio do mês de maio de 1731, à beira de um afluente do rio das Velhas.

Era um rio sem importância, com oito palmos de fundura no meio do leito, e uns dez passos de largo na época da seca. Nascia em algum ponto bem alto do flanco oeste da serra do Espinhaço, por isso sua correnteza era muito forte, e ia assim até desaguar no rio das Velhas, ajudando a formar o São Francisco.

Os três bebiam cachaça para comemorar: Pascoal encontrara uma pepita, depois de seis meses de **faiscação** [1] por vários córregos.

— Ó Filipe! — gritou ele para o filho mulato que tivera com Teresa. — Então vais passar o dia no mato?

— Deram purgante ao menino? — perguntou José.

— E precisa? — Teresa sacudiu os ombros.

Filipe afinal saiu de trás da moita, amarrando o cadarço da calça, e sentou-se ao lado deles.

— É melhor beberes um trago dessa moça branca, filho — recomendou o português. — Dizem que é boa para acabar com os vermes. Toma. Mata o bicho.

Filipe levou a botija à boca e bebeu. Tossiu. Os outros riram. Tomou outro gole. Desceu melhor. Ficou escutando a conversa dos dois homens.

— Amaldiçoada sorte a minha! E mais amaldiçoada ainda é a natureza desta terra! — praguejava Pascoal. — Com tantos rios de águas calmas, dei de encontrar ouro neste turbilhão dos infernos!

— Vê as vantagens, homem — consolou José. — É uma área inexplorada. Encontraste a pepita com poucos dias faiscando. Deve haver muito mais.

— Mas com a força da água não se consegue trabalhar com a bateia. O cascalho melhor está no fundo. Nas margens só há pedras... e eu não tenho dinheiro para romper rochas. Se não for de aluvião, tenho de ir batear em outro lugar.

— Não podes abandonar um rio que te dá ouro desse jeito...

— Imagina depois de setembro, com os temporais, como essa água vai rolar.

— Mas deve haver um jeito... Se passas a vida só a arranhar a terra não arrumas nada.

— Sempre posso abandonar tudo e juntar-me a ti.

— A mim? — José balançou a cabeça. — Um **tropeiro** [2] miserável que não viaja há mais de um ano por falta de crédito na praça? Vou pior que tu, irmão.

Os dois ficaram calados, olhando para o rio. A tarde caía. Teresa mexia o angu na gamela. Filipe continuava a tomar cachaça. E teve vontade de falar.

— Pai... se o problema é a correnteza, então tira a água do rio e pronto.

O menino falava com a língua enrolada.

— Para de beber, menino — ralhou Teresa.

— Então diz como fazer isso — riu-se Pascoal.

Filipe tomou coragem e apontou para o alto, à esquerda:

— Lá em cima o rio passa entre duas pedras. Não tem um passo de largura. Abre-se um canal bem largo antes disso. Depois joga-se uma pedra grande entre as duas pedras. A água passa para o canal, e o rio toma outro rumo.

Os dois homens se olharam.

A primeira providência de Pascoal foi faiscar mais, até conseguir ouro bastante para provar às autoridades metropolitanas que tinha direitos sobre o lugar.

Depois procurou o **intendente** [3] de Vila Rica para, de acordo com o Regimento das Minas, demarcar e tomar posse das duas *datas** a que tinha direito. Uma terceira foi consignada à Coroa, e a quarta, ao guarda-mor. Essas quatro datas inteiras mediam trinta *braças quadradas* cada.

— O resto da área será loteado — explicou Pascoal à mulher. — Quem tiver mais escravos ganha mais espaço na beira do rio. Duas braças quadradas por cada escravo.

— E como pretendes arranjar dinheiro para as obras para desviar o rio? — perguntou Teresa.

— Podia hipotecar-te. Davas um bom capital.

— És bem capaz de fazer isso — riu a mulher. — Mas esqueces que **sou alugada** [4]...

— Como esquecer, se o que me custas por mês é o motivo da minha ruína?

— Então trata de juntar dinheiro para comprar-me a alforria, ora. Como pode um marido viver com uma esposa alugada!

— Tua liberdade me custaria umas trezentas *oitavas* de ouro...

— Pois continua a me alugar... até que meu dono me queira de volta.

— Ele está muito velho para isso.

— Pode querer me pôr de novo nas ruas, onde me conheceste, para vender os doces da mulher no tabuleiro.

— O que pago por ti rende a ele mais do que os doces.

O fato é que o pai de Filipe não encontrou meios de financiar o desvio do rio e teve de contar com o filho e o irmão.

Levantaram pequenos barracos de pau a pique, cobertos com folhas de palmeira, e conseguiram enxadas e pás velhas.

[3] intendente
A região mineradora era rigorosamente controlada pela metrópole, por meio de legislação (Regimento das Minas) e órgãos administrativos (Intendência das Minas), com o objetivo de arrecadar os impostos. O intendente era responsável pela administração da área.

3 intendente

Reprodução/Museu Paulista, São Paulo, SP

4 sou alugada

Reprodução/Fundação Biblioteca Nacional, Rio de Janeiro, RJ

[4] sou alugada
No século XVIII, em Minas Gerais predominava a população escrava. Muitos conseguiam a alforria (liberdade) e alguns eram alugados por seus donos. A miscigenação era comum, mas o casamento legal era raro.

* *consulte o significado desta e de outras palavras no glossário da página 59.*

[5] lavra
A extração do ouro preso a rochas exigia melhores técnicas e o trabalho de muitos escravos. Nessas explorações chamadas "lavras" empregavam-se engenhos de pilão e bombas.

Reprodução/Fundação Biblioteca Nacional, Rio de Janeiro, RJ

5 lavra

6 arraial

[6] arraial
A descoberta de ouro em Minas Gerais atraiu muita gente, dando origem a arraiais e vilas, nos quais Portugal colocou autoridades para impor a ordem e a arrecadação de impostos.

Filipe tinha razão. Se rasgassem um canal da altura de um homem, com dois passos de largura e uns trinta de comprimento, a água entraria por ele quando represassem o rio, tomaria à direita, escorreria pela encosta íngreme e formaria um novo leito no fundo do vale.

Foi um trabalho pesado, e o fizeram em três meses, cavando de sol a sol.

Por fim deslocaram uma imensa rocha da margem, à força de alavancas feitas de troncos, até jogá-la entre as duas pedras por onde o rio passava.

Ela selou a passagem como um tampão. As águas entraram contrariadas no canal.

— Tudo se descaminha nesta terra — disse José. — Até os rios.

Então olharam lá do alto, para o leito seco, e viram os peixes se debatendo.

O primeiro lucro tiveram vendendo peixe salgado. Com o dinheiro compraram *almocafres* para escavar o cascalho e a areia, agora secos, e marretas para desfazer rochas podres e catar ouro nas frestas.

Levado para análise, o ouro apresentou 22 quilates na prova de toque.

A notícia espalhou-se como fogo na pólvora.

Logo todas as datas foram requisitadas, em ambas as margens do antigo leito do rio, e apareceu gente de todo tipo e posição.

Muitos chegavam com a roupa do corpo, dormiam ao relento e comiam raízes, girando o cascalho na bateia de sol a sol. Outros vinham com escravos, capatazes e tropas de espingardeiros e estabeleciam rígidas jornadas de trabalho.

Esses senhores, ocupando também as datas da Coroa, decidiram que valia a pena investir na extração.

— O filão é farto — disse um dos potentados a Pascoal. — E com o desvio do rio não precisamos parar os trabalhos na época das chuvas.

Estabeleceram então um regime de **lavra** [5]. Instalaram engenho de pilão, para triturar o cascalho "gelado", e trouxeram água por canaletas, para formar um "curralinho".

Os que faiscavam por conta própria foram sendo expulsos ou assassinados, ou matavam-se uns aos outros por uma espiga de milho.

Não havia comida. Ninguém pensava em plantar.

Num descampado próximo ergueram duas fileiras de choças para os trabalhadores. Em pouco tempo formou-se um **arraial** [6].

— Esse povo precisa comer. Vamos abrir uma venda — sugeriu Filipe.

Pascoal espantou-se mais uma vez:

— Mas de onde é que esse menino tira as ideias?

— "A necessidade é a mãe da invenção" — citou José.

— E pai dos mulatos — riu Teresa.

— Pois está certo — decidiu Pascoal. — Só com o que tiramos de ouro não vamos bem.

— Depois que este povo todo chegou... — resmungou a mulher.

— São os descaminhos deste mundo. Eu vim do Minho, tu, da África. Estão todos atrás de remédio para as suas necessidades.

— Só nós não aprumamos — insistiu Teresa.

— Também, tu não me deixas ter escravos — reclamou Pascoal. — Não se pode ser um "homem bom" nesta terra sem pelo menos uns dez **sudaneses ladinos** [7].

— Mas era só o que faltava! — e Teresa pôs as mãos nas cadeiras. — Se compras um negro por 300 oitavas de ouro e não pagas minha alforria eu te abandono!

— Não faço uma coisa nem outra. Invisto na venda. Pronto. Filipe tem razão. O que vai dar dinheiro aqui é comida. Ouro pode ser muito bom, mas sem comer ninguém vive.

— E do jeito que os preços estão desaforados, o lucro é grande — concluiu José.

Pascoal solicitou então à administração da Coroa uma sesmaria de três *léguas* quadradas, junto à sua data, e plantou milho, mandioca, hortaliças, feijão, amendoim e banana.

Enquanto esperava a colheita, investiu o que tinha amealhado em pó de ouro e ergueu uma pequena venda no centro do arraial, onde Teresa passou a servir comida. Com o que restou e conseguiu emprestado, mandou o irmão à Bahia trazer carne salgada, açúcar, porcos e alguns bois.

José ficou feliz por tornar à vida de tropeiro.

Foi e voltou pela margem direita do São Francisco. A viagem compensou. Um boi, comprado a quatro oitavas de ouro, em Minas valia trinta. O sal de Pernambuco, a 720 réis o *arrátel*, foi revendido a 14 mil-réis.

Com o lucro empreendeu novas viagens, trazendo mais gado, porcos, mulas e até artigos de luxo como peças de linho, azeite de oliva, trigo e saias de veludo.

O arraial crescia rápido.

O ouro extraído, pelo Regimento das Minas, teria de ser levado até a **Casa de Fundição** [8] de Vila Rica, para ser transformado em barra. Um quinto ficaria para a Coroa, fora os 5% de *senhoriagem*, por isso, preferiam usá-lo ali mesmo no arraial, como moeda, em pó ou pepita bruta, e deixar o *quinto* para ser pago por quem se dispusesse a viajar a Vila Rica... Isso estimulava o consumo, e os negócios de Pascoal progrediam.

Ampliou sua sesmaria, fez um pequeno engenho de cachaça e uma casa de tecelagem. Filipe mostrou-se bom com números e tratou da contabilidade, estocando pepitas em

7 sudaneses ladinos

[7] sudaneses ladinos
Possuir escravos era condição para se obter uma "data", lote onde se explorava ouro, e para ter participação política. O escravos tinham duas origens: sudaneses e bantos; os africanos que falavam português e tinham costumes da terra eram chamados de "ladinos".

8 Casa de Fundição

[8] Casa de Fundição
Nas casas de fundição o ouro era derretido, transformado em barras e quintado — isso impedia a circulação do ouro em pó, evitando o contrabando. Os impostos recaíam sobre o ouro, as pessoas, as propriedades (incluindo escravos) e os produtos.

picuás de osso de ema. Teresa deixou o marido alugar escravos, com a promessa de que ele em breve compraria sua liberdade.

Mas Pascoal adiava a alforria da mulher, fazendo contas:

— Com trezentas oitavas de ouro compro três cavalos sendeiros e mando meu irmão a São Paulo trazer marmelada e vinho.

— Pois me trocas por cavalo e marmelada!

— Mando trazer-te tafetá e um gomil de prata para lavares o rosto...

E lá foi José pelo Caminho Geral do Sertão, descendo as trilhas íngremes da serra da Mantiqueira, cruzando os Campos Gerais, lutando contra os goitacases, para trazer produtos do sul.

Às vezes, no arraial de Pindamonhangaba, tomava o rumo de Parati, no litoral do Rio de Janeiro, por uma trilha recém-aberta, e conseguia preços melhores pelo trigo e o azeite.

Teria muito lucro se arrematasse escravos no mercado de Parati, mas a mulher do irmão não permitia. José aceitava.

De fato, a **situação dos negros** [9] não podia ser pior. Trabalhavam quase nus e dormiam no chão. Comiam mal. Eram tratados com sangrias e purgantes. Morriam soterrados. Os que fugiam eram caçados pelos capitães do mato, que traziam as cabeças decepadas para exibir nas vilas. A maioria não durava mais de sete anos.

[9] situação dos negros
Acidentes na lavra, como soterramento, e condições insalubres de trabalho causaram grande mortalidade entre os escravos. Houve diversas reações, como fuga e formação de inúmeros quilombos nas Minas Gerais.

9 situação dos negros

Pelas mesmas trilhas que José percorria não paravam de chegar forasteiros de todas as partes do Brasil ao arraial.

Nessas *entradas* a Coroa estabeleceu registros, para taxar produtos e pessoas.

Um desses postos era no caminho para o São Francisco, a bem poucas léguas de onde vivia Filipe.

O menino, agora também cuidando do gado, descobriu pastos excelentes justo um pouco além do desfiladeiro em que estava instalado o registro. Através de seu tio, que comprara a amizade do contratador do posto por algumas “raspas” a cada viagem, conseguiu permissão para passar com seus bois ao outro lado, uma ou duas vezes por semana, para que pastassem.

O ouro não parava de surgir entre o cascalho e nas fendas das rochas. Os negócios de Pascoal prosperavam. Os lucros de revenda dos produtos trazidos pelo irmão eram enormes.

Em dois anos o arraial já contava com várias fileiras de casas, algumas com colunas e vigas de cedro, cobertas por telha. Havia uma praça e até capela.

O padre revelou-se banqueiro esperto, agiota severo e incentivador do contrabando:

— Fraudar os quintos é um problema civil — ele pregava. — Não chega a ser um pecado.

E para isso servia-se de sua imunidade eclesiástica, escapando à revista nas barreiras, por onde passava levando ouro em pó dentro de estátuas ocas de santos.

Cobrava uma oitava de ouro para comungar um fiel, dezesseis por missa encomendada, quatro por serviço fúnebre e três por proclamas de casamento, dinheiro que arrecadava para emprestar a juros.

— Vassalos ricos acabam tornando o rei rico também — louvava.

Às suas pregações os fiéis não se faziam de rogados e se esmeravam nos crimes de lesa-majestade.

Era de fato difícil convencê-los a entregar um quinto do ouro que encontravam, além de terem para isso de enfrentar as más condições dos caminhos até Vila Rica, arriscando a perder tudo para os bandoleiros. Havia também a burocracia demorada das fundições, as trapaças dos funcionários da Coroa e a obrigação de vender o ouro a **1$200** [10] a oitava quando, no mercado livre, podiam conseguir 1$500 ou mais.

De nada adiantavam as ameaças da Coroa de confisco, masmorra ou deportação para a África, pois lucrava muito quem saísse de Minas sem pagar os impostos.

Forasteiros continuavam a chegar. O arraial progredia. Havia prostituição, carteado a dinheiro, brigas, ofensas, roubos e crimes dos mais diversos. A Intendência das Minas estava mais preocupada em cobrar impostos do que em manter a ordem. Os homens usavam longas capas, para dificultar a identificação e esconder as armas.

Pascoal ganhou um bom dinheiro vendendo capas compridas.

— Pois agora tens com que me comprar a liberdade! — exigiu Teresa.

— Mas mulher, com 300 oitavas amplio o engenho e produzo mais cachaça...

Ela então ameaçou:

— Pois fiquei sabendo que estão dando alforria ao escravo que denunciar os contrabandos de ouro de seu senhor...

Pascoal comprou a liberdade da mulher na semana seguinte e anunciou uma grande festa no arraial.

Por essa época, atraído pelas suspeitas de defraudações de toda espécie aos quintos reais, e de suborno aos oficiais da Colônia, chegou ao Registro um juiz de fora.

Era um *reinol* enérgico e meticuloso na fiscalização. Conferia pessoalmente os recibos e certidões emitidos na entrada e saída do posto.

Filipe foi impedido de atravessar com os bois para levá-los ao pasto, teve os cabelos lavados e as unhas cortadas, para ver se não levava ouro em pó escondido, e foi obrigado a tomar purgante de pimenta para provar que não havia engolido nenhuma pepita.

A festa organizada por Pascoal coincidiu com a época das chuvas.

Enfeitaram a praça, cada *irmandade* tratou de levar seus santos e cantos, bois e porcos foram sacrificados num almoço, e a cachaça rolou farta.

Teresa, num vestido de cetim, com argolas e colares de ouro, desfilava de mãos dadas com Pascoal.

10 1$200

[10] 1$200 *Lê-se mil e duzentos réis. A primeira moeda usada no Brasil foi o real português (réis no plural), grafado da seguinte forma: $500 (quinhentos réis), 200$000 (duzentos mil-réis), 1:000$000 (um conto de réis).*

No final da tarde, empanturrados e bêbados, ouviram os primeiros trovões, vindos do alto da serra do Espinhaço.

Não demorou muito para o céu sobre eles se fechar, e das nuvens negras descerem raios, e logo um temporal como há muito não se via arrasou o arraial, derrubando casas e árvores.

As águas desceram da montanha com fúria espantosa. O canal aberto por Pascoal não deu vazão à enxurrada. A rocha que servia de tampão na cachoeira não resistiu, rachou, arrastando uma avalanche de pedras e troncos que destruiu tudo o que encontrou pela frente, lavra, engenhos de pilão, canaletas, barracos.

O rio voltou a seu leito.

As pessoas concluíram que não valia a pena reconstruir tudo e foram abandonando o arraial.

Em pouco tempo não restou ninguém por lá. Pascoal foi obrigado a se desfazer de tudo para pagar os empréstimos que pedira para investir nos negócios e descobriu-se tão pobre quanto antes.

Comunicou esse fato à mulher e ao filho, no mesmo espraiado, na beira do rio, onde tudo havia começado.

— Não estamos tão pobres assim, pai — anunciou Filipe.

No dia seguinte os três partiram, em direção à Bahia.

Passaram pelo Registro e foram revistados meticulosamente. O juiz de fora ainda estava por lá, mas nada encontrou.

Filipe levou o pai e a mãe até o pasto, à margem do rio das Mortes, onde costumava apascentar os bois.

Por meses e meses desviara pepitas com que os fregueses faziam seus pagamentos na venda e as misturava com os grãos de milho que dava ao gado.

Agora a fortuna da família estava ali, livre de impostos, espalhada por todo lado, em pequenos montes de bosta.

Ideias novas

Se Filipe não tivesse pensado em desviar o rio e o destino das pepitas de ouro encontradas nele, não teria mudado a vida dos seus pais. É o que se espera da juventude: que contribua para melhorar o mundo. Que apresente ideias novas.

Isso não é fácil. Ideias novas geralmente são revolucionárias e incomodam os adultos, que no fundo adoram deixar as coisas como estão. Por isso há muitas armadilhas no caminho dos jovens, justamente para impedi-los de "pensar diferente". Desde cedo são bombardeados por pessoas, empresas, igrejas e instituições que lhes tentam enfiar na cabeça linhas de pensamento prontas.

Para ter ideias novas, é preciso ter o pensamento livre. Não basta ficar por aí repetindo as gírias do momento...

Glossário

Almocafre: pequena enxada de ponta usada na mineração.
Arrátel: antiga unidade de peso correspondente a 459 g ou 16 onças.
Braça quadrada: medida agrária equivalente a 3,052 m^2.
Data: lote onde se explorava ouro. Depois de descoberta uma mina, a área era demarcada e dividida em lotes.
Entradas: espécies de pedágios que recaíam sobre pessoas e animais.
Irmandade: associação leiga, em geral, que reunia indivíduos de mesma cor e condição socioeconômica e promovia assistência mútua, cultos e festas ao santo padroeiro.
Légua: medida equivalente a 6.000 m. No caso de sesmaria, era 6.600 m.
Oitava: medida de pesagem de ouro que equivalia a 3,586 g.
Picuá: peça cilíndrica e oca, feita de osso de ema, para guardar pepitas de ouro ou diamantes.
Quinto: imposto de 20% sobre o ouro devido à Coroa portuguesa. A tributação excessiva e a fiscalização das casas de fundição originou a expressão "quintos dos infernos".
Reinol: português que vinha da metrópole.
Senhoriagem: tributo que se pagava ao rei pelo direito de cunhar moedas.

uma nova elite, ligada ao contrabando

Milhares de pessoas, em geral solteiras, de diferentes condições sociais, vindas de várias partes do Brasil e de Portugal, convergiram para Minas Gerais no século XVIII em busca de fortuna. Esse "formigueiro humano" estabeleceu-se em arraiais e vilas, criados pela metrópole para controlar a região e arrecadar impostos.

Fazia-se fortuna fácil. O ouro despertava a cobiça e gerava dívidas, disputas por terras, roubos e mortes. Daí o forte policiamento, o toque de recolher, a tendência do mineiro de ficar em silêncio e usar uma capa longa para não ser identificado. Mas também se empobrecia. O trabalho duro nas minas era exercido por escravos, sob condições precárias. Muitos morriam soterrados, afogados ou com alguma doença, pois costumavam passar o dia nus, com os pés na água.

Apesar da severa fiscalização, os escravos conseguiam desviar ouro e diamantes. Como podiam ficar livres com a compra da carta de alforria, engoliam pepitas e tinham as mãos rápidas, enquanto cantavam *Escravos de Jó* na mineração.

A possibilidade de achar metais e pedras preciosas e o caráter urbano do povoamento criaram uma nova elite, ligada ao contrabando. Nascia também uma camada média, dedicada ao comércio e ao artesanato. Poucos casais uniam-se pelo casamento. Os homens se casavam mais velhos ou viviam com as escravas. Era grande o número de crianças abandonadas, geralmente mulatas.

Meninos ricos frequentavam escolas ou seminários e prosseguiam os estudos na Europa. Os demais costumavam aprender a profissão do pai ou parente, trabalhando desde cedo. A prática era sua escola: nas lojas se aprendia a contar; nas oficinas, a fazer sapatos, arreios, estátuas; nos rios, a usar a bateia... Sorte e esperteza poderiam garantir um futuro melhor.

a circulação de mercadorias

A atividade dos tropeiros era vital para as populações do interior: eram eles que faziam circular mercadorias e alimentos diversos.

o sistema colonial mercantilista do século XVIII

Veja como era a relação entre a Metrópole (Portugal) e a Colônia (Brasil), em particular a região das Minas.

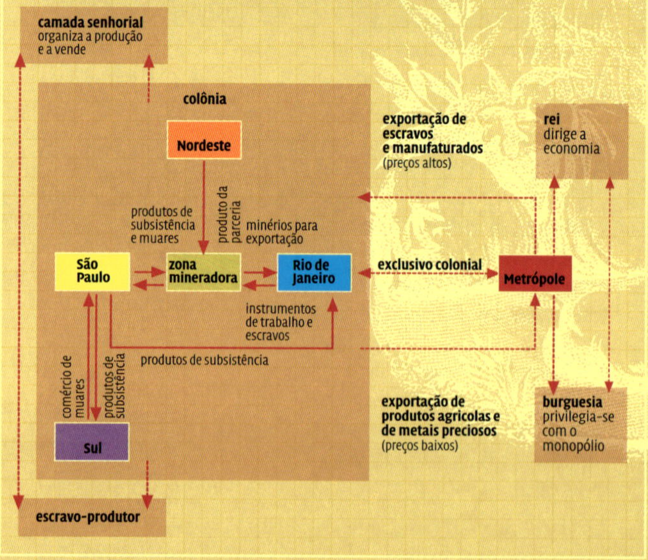

(...)
Vê-se outro mineiro que se ocupa
Em penetrar por mina o duro monte
Ao rumo oblíquo, ou reto; tem defronte
Da gruta que se abre, a terra que extraíra;
Os lagrimais de águas, que retira
Ao tanque artificioso logo solta;
Trazida a terra entre a corrente envolta
Baixa as grades de ferro; ali parados
Os grossos esmeris são depurados,
Deixando ao dono o prêmio da fadiga
Os bons tesouros da fortuna amiga.
(...)

COSTA, Cláudio Manuel da. "Vila Rica." *In:* *SILVA RAMOS, Péricles E. da (org.).* Poesia do ouro: antologia. *São Paulo, Melhoramentos, 1964. p. 129-130.*

As mercadorias e o ouro eram transportados no lombo de burros e mulas, atravessando serras e rios para abastecer as regiões e levar a riqueza aos portos. A necessidade de uma alimentação substancial e de fácil preparo durante as longas viagens levou à criação de um prato famoso: o feijão-tropeiro.

a Corte portuguesa no Brasil | século XIX

planta da cidade do Rio de Janeiro

aqueduto da Rua Mata Cavalos

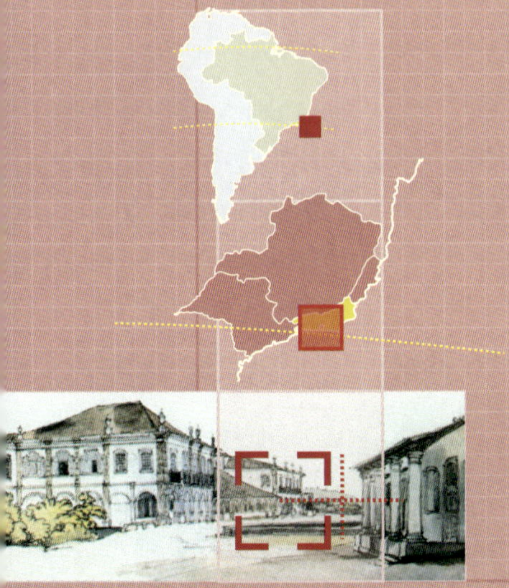

o príncipe encantado

1 gelosia

2 mucama

3 cadeirinha

[1] gelosia

No século XIX, os sobrados de dois ou mais andares eram a construção padrão do Rio de Janeiro. As janelas térreas possuíam gelosias, grades de madeira por onde era possível ver o movimento da rua sem ser visto por quem passava.

[2] mucama

A sociedade brasileira dependia da mão de obra escrava negra tanto no campo como na cidade. Nas casas, os escravos faziam de tudo; os homens livres desprezavam o trabalho manual, por estar associado à condição de escravo. As meninas tinham uma mucama, escrava doméstica para banhá-las, vesti-las, penteá-las e fazer-lhes cafuné antes de dormir; os meninos, um moleque para as brincadeiras.

[3] cadeirinha

As ruas das cidades brasileiras eram sujas e perigosas e nelas circulavam principalmente escravos e desocupados. Os ricos eram transportados em cadeirinhas com cortinados, carregadas por um ou dois escravos, ou em carruagens puxadas por animais.

planta da cidade do Rio de Janeiro

Marcelo Gomes/Acervo do ilustrador

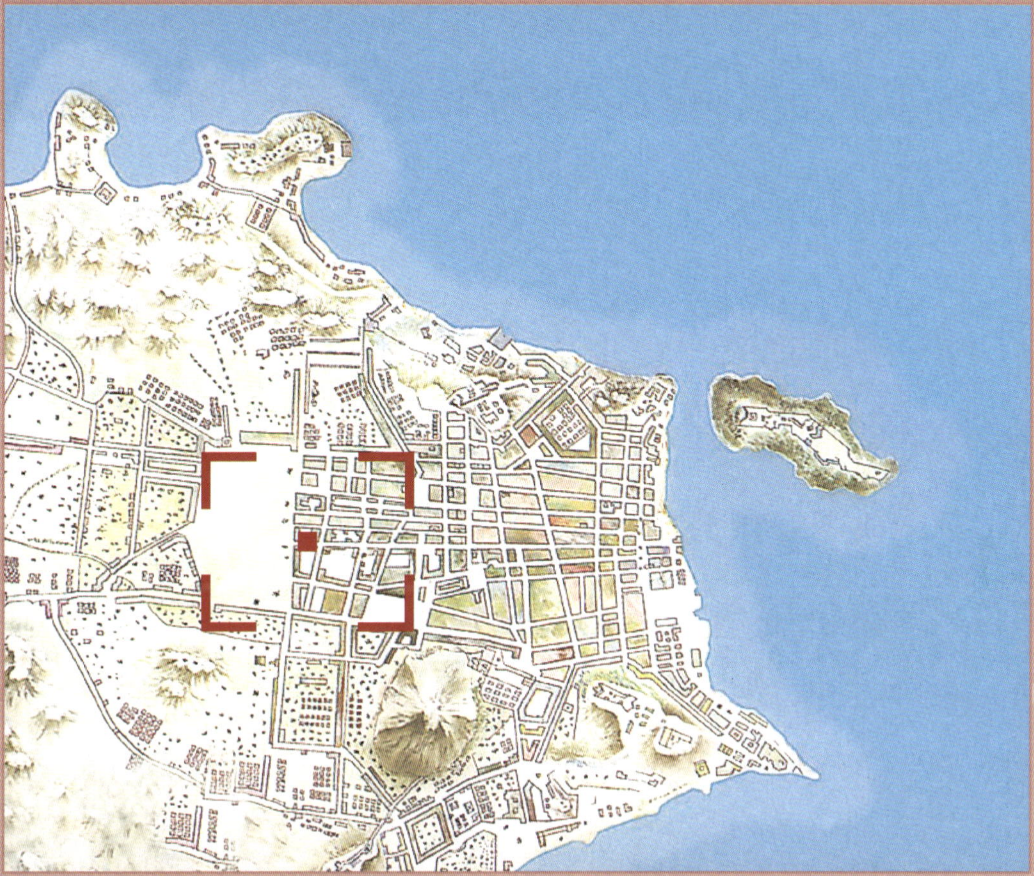

aqueduto da Rua Mata Cavalos

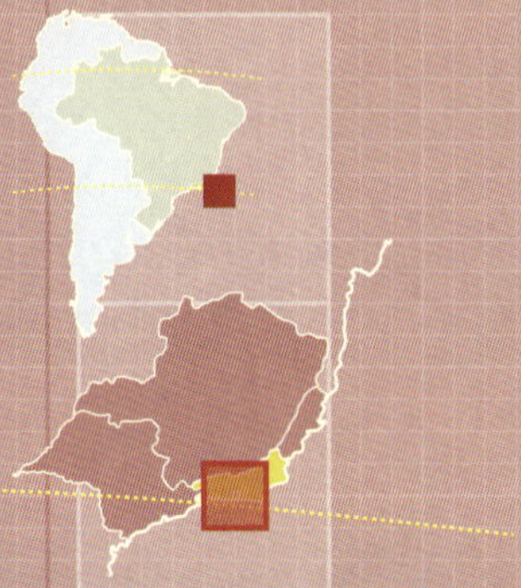

Reprodução/Fundação Biblioteca Nacional, Rio de Janeiro, RJ

Reprodução/Fundação Biblioteca Nacional, Rio de Janeiro, RJ

o príncipe encantado

Reprodução/Fundação Biblioteca Nacional, Rio de Janeiro, RJ

1 gelosia

2 mucama

3 cadeirinha

[1] gelosia

No século XIX, os sobrados de dois ou mais andares eram a construção padrão do Rio de Janeiro. As janelas térreas possuíam gelosias, grades de madeira por onde era possível ver o movimento da rua sem ser visto por quem passava.

Reprodução/Fundação Biblioteca Nacional, Rio de Janeiro, RJ

[2] mucama

A sociedade brasileira dependia da mão de obra escrava negra tanto no campo como na cidade. Nas casas, os escravos faziam de tudo; os homens livres desprezavam o trabalho manual, por estar associado à condição de escravo. As meninas tinham uma mucama, escrava doméstica para banhá-las, vesti-las, penteá-las e fazer-lhes cafuné antes de dormir; os meninos, um moleque para as brincadeiras.

Reprodução/Acervo Iconographia/Reminiscências/Fundação Biblioteca Nacional, Rio de Janeiro, RJ

[3] cadeirinha

As ruas das cidades brasileiras eram sujas e perigosas e nelas circulavam principalmente escravos e desocupados. Os ricos eram transportados em cadeirinhas com cortinados, carregadas por um ou dois escravos, ou em carruagens puxadas por animais.

Eram quatro horas da manhã do dia 15 de agosto de 1808 quando saíram de casa para ir à missa. Ainda estava escuro. As noites pareciam mais longas no inverno. Maria esperara com ansiedade aquele dia santo.

Era uma das raras oportunidades que tinha de sair de casa. Olhou pela **gelosia** [1]. A Rua de Mata Cavalos ainda estava tranquila. Abriu a aldraba e saiu. Foi a primeira a ver a tabuleta pendurada na porta.

Uma escrava de sua idade saiu em seguida.

— O que é isso? — Maria apontou a tabuleta.

— Não sei. Não estava aí ontem. Parecem duas letras.

— Que são duas letras e que não estava aí ontem eu já sabia — resmungou Maria e deu um beliscão na outra menina.

— Pergunte para a sua mãe — disse a **mucama** [2], esfregando o braço.

— Ela também não sabe ler — e tornou a beliscá-la.

Dois escravos então abriram a outra banda da porta para dar passagem à corpulenta dona da casa. Vinha envolta em mantos, com um andar desajeitado.

Maria tornou a apontar a tabuleta.

— Mãe, olha o que pregaram na porta durante a noite.

A mulher, enfastiada, ergueu a mantilha da cabeça, descobrindo os grossos cachos de cabelo amarrados no alto, como um penacho, e gritou quando viu.

— Grandessíssimos...!

Em seguida tornou a entrar em casa, com os punhos fechados, berrando o nome do marido, entre um impropério e outro, e voltou arrastando o dono da casa, senhor Diogo, ainda de tamancas, até a tabuleta. Foi a vez de ele gritar.

— Com os diabos! Não podem fazer isso comigo!

— Valei-me Deus! E agora, o que será de nós? — suspirou a mulher.

— Acalma-te. Foi um engano. Quando souberem quem sou... Vai-te à missa, mulher! Eu sigo em seguida. Não rezingues!

Ela obedeceu. Os dois escravos já a esperavam na rua com uma poltrona de encosto alto, dentro de uma **cadeirinha** [3] suspensa por dois paus. A pesada senhora sentou, e Maria ajeitou-se no estrado, a seus pés. Os negros cerraram as cortinas azuis da cadeirinha, ergueram as duas mulheres apoiando os dois paus nos ombros e tomaram o rumo do mar, para a Igreja de Nossa Senhora da Glória. A mucama as acompanhava a pé, um pouco atrás.

As cortinas frustravam Maria. Ela queria ver a rua. Faria 13 anos em breve. Era uma mulher. Já pensavam até em casá-la. Mas não a deixavam sair, a não ser para a missa. E mesmo assim, dentro daquele cortinado de veludo velho, abafado, impregnado com o cheiro de excrementos da rua.

Queria ver o movimento da cidade. As novidades. Os estrangeiros que não paravam de chegar depois que a Corte portuguesa viera morar ali.

Maria roía-se de curiosidade. Um príncipe, uma rainha... em sua cidade, e ela trancada em casa.

— Mãe? — perguntou. — Por que estás chorando?

— Não viste a tabuleta?

— Não conheço as letras.

— Nem eu, parva! Mas aquelas são **um P e um R** [4]. Querem dizer "Ponha-se na Rua"!

— E daí? Quem a pregou lá?

— As tropas do Príncipe. Quer dizer que vão tomar a nossa casa e dar para um desses **nobres que vieram de Lisboa** [5].

— Papai não vai deixar, não é?

— Aquilo é um borra-botas...

A mãe soluçou alto e pôs-se a chorar ainda mais.

Maria não conseguiu ficar muito triste. Afinal, era uma forma de sair de casa. Expulsa por um príncipe. Como num conto de fadas.

A sorte de Diogo é que possuía outra casa. Um pequeno sobrado na agitação da Rua do Ouvidor, com um depósito no térreo onde acomodava dois escravos, que alugava para pequenos serviços nas ruas. Acabou indo morar lá com a família.

Foi contrariado. Sentiu-se profundamente injustiçado.

— Afinal sou um alto funcionário público, da capital da principal colônia lusitana — resmungava pelos cantos. — Indicado pelo próprio Vice-Rei.

O cargo que ocupava, primeiro imediato do **juiz da alfândega** [6], era o segundo posto na hierarquia do porto, e o porto era o centro financeiro da cidade, depois da abertura ao comércio exterior.

— Mesmo assim fui tratado como um qualquer — reclamava. — Rebaixado! Expulso de minha própria casa por um fidalgo falido só porque é amigo do Príncipe! Mas isso não fica assim.

Ferido em seu orgulho, Diogo concebeu um plano para dar a volta por cima.

Em vez de reagir, recusar-se a entregar a casa, ao contrário, fez questão de oferecê-la de bom grado ao novo morador.

Tratava-se de um nobre português que não tivera tempo de vender suas propriedades em Lisboa antes da fuga da Corte e agora amargava uma vistosa miséria e vivia na dependência dos favores do Príncipe.

— Viste o homem, mulher! É bem apessoado. Não tem 40 anos, viúvo...

4 um P e um R

[4] um P e um R
O Rio não dispunha de acomodações adequadas nem suficientes para os milhares de pessoas que para lá se dirigiram em 1808. E a Corte não teve dúvidas: requisitou as melhores residências, marcando-as com a inscrição "P. R." (Príncipe Regente), que os brasileiros interpretavam como "Ponha-se na Rua" ou "Propriedade Roubada".

5 nobres que vieram de Lisboa

6 juiz da alfândega

[6] juiz da alfândega

Assim que a Corte se transferiu para o Rio, surgiram os ministérios e as repartições públicas. Com o aumento da importação e da exportação, o cargo de juiz da alfândega ganhou destaque na burocracia.

[5] nobres que vieram de Lisboa

Portugal desobedeceu ao Bloqueio Continental imposto por Napoleão Bonaparte à Inglaterra e foi invadido pela França. Protegida pelos ingleses, a Família Real, acompanhada de milhares de pessoas, fugiu para o Rio de Janeiro, transformando a economia, a sociedade, a organização política e o cotidiano da cidade.

— Um alfacinha sem dinheiro!

— Pois casamos nossa filha com ele! Vês? Junta-se o meu dinheiro com a nobreza dele. O Príncipe me faz juiz da alfândega! Ou até algo melhor... com tantos ministérios e repartições novas por aí. E voltamos para a Mata Cavalos!

Tanto falou que convenceu a mulher de que a ideia era boa, e começaram a sonhar juntos com uma vida de nobre.

— Mas não podemos oferecer a menina assim, selvagem — lembrou ela. — Foi criada brincando com escravos, na lama do quintal. Não sabe ler. Tem as mãos grossas de fiar algodão.

— Estás certa — Diogo concordou. — Só com a beleza da menina não convencemos o barão.

De fato, Maria era muito bonita. Tinha os cabelos pretos, compridos e cheios de cachos; o rosto redondo, os olhos negros, vivos e curiosos; o corpo de mulher já formado. Mas **era preciso educá-la** [7].

A primeira providência foi contratar uma preceptora que viesse à casa. Diogo, contrariando a tendência geral, não contratou uma professora francesa e sim a esposa de um militar inglês.

— Quero que a minha Maria aprenda a língua que se fala na **Inglaterra** [8], que é com esse país que os portugueses estão a se entender.

Em ritmo intenso, através de tardes maçantes e **algumas sessões de palmatória** [9], Maria aprendeu a ler e a escrever nos livros de reza; a comer com talheres; a rir sem estridência; a não se sentar com as pernas abertas; a não catar piolhos em público nem bater nos escravos na frente das visitas.

Pela manhã uma velha tia vinha ensinar-lhe as artes dos bordados delicados e dos doces finos.

Nos domingos e dias santos desciam a Rua das Marrecas, em direção ao **Passeio Público** [10], ver como a Corte se comportava, como andava, o que vestia, o que conversava... Diogo ia na frente, com sua roupa de gala, que vinha a ser o mesmo uniforme gasto do trabalho, cabeça empoada, tricórnio, grandes fivelas e espadim. Atrás, em fila indiana, vinham Maria, de olhos sempre muito abertos, em seu melhor vestido de rendas; a seguir, sua mãe, em um vestido branco de cintura alta e mangas de presunto, com um lenço bordado e engomado ao pescoço, coberta por uma mantilha negra rendada que lhe batia à altura dos joelhos; e por fim uma longa procissão de escravos.

7 era preciso educá-la

[7] era preciso educá-la
Pouquíssimas mulheres sabiam ler no século XIX. Tinham acesso apenas aos livros de oração, e tudo o que aprendiam visava a conseguir um bom casamento: cozinhar, bordar, costurar e, em alguns casos, tocar piano ou cantar. Os meninos aprendiam a ler, escrever e contar no dia a dia, com o comércio; alguns se instruíam com tios padres ou na casa do professor, outros frequentavam seminários.

8 Inglaterra

9 algumas sessões de palmatória

10 Passeio Público

[9] algumas sessões de palmatória

Instrumento de punição corporal com o qual se bate na palma da mão do castigado. No Brasil, foi instituída como prática pedagógica nas escolas públicas do Império, para punir os alunos tidos como indisciplinados. Atualmente, o Estatuto da Criança e do Adolescente (1990) proíbe qualquer castigo físico ou psicológico.

[8] Inglaterra

Com a Abertura dos Portos, em 1808, inúmeros produtos ingleses, úteis ou inúteis, passaram a inundar o mercado brasileiro, como a farinha de trigo, base da alimentação portuguesa, e pesados cobertores de lã, que serviram para amarrar os grãos de ouro na mineração. Os tratados de 1810 deram vantagens alfandegárias às mercadorias inglesas.

[10] Passeio Público

Aos domingos, muitos iam ao Passeio Público desfrutar o entardecer e as melodias de uma banda militar. Era um local tranquilo, arborizado e florido, com boa sombra, uma fonte e um terraço que dava para a baía de Guanabara.

Foi num desses passeios que Diogo cumprimentou um nobre, curvando-se até quase ficar de joelhos. Quando este se afastou, o pai deu um tapa carinhoso na nuca da filha e informou:

— Aquele será teu marido.

Maria teve medo. Era um velho, de cavanhaque branco pontudo e casaca preta muito comprida. O castão de prata de sua bengala tinha a forma de um monstro marinho. O homem era a própria figura do demônio do livro de rezas.

Civilizar Maria [11], adestrá-la na arte da cortesia, custava muito dinheiro. Para ensinar bons modos à mesa e acostumá-la aos artigos finos, foi necessário comprar faqueiros e louças de prata, taças de cristal, toalhas de linho, móveis almofadados; para que suas mãos ficassem finas, não podia fazer nenhuma espécie de atividade manual, e foi preciso ir ao Valongo comprar mais escravos, que tinham de ser alimentados e tratados; para aprender a ler era preciso comprar livros; para os passeios, procissões, missas e até teatros, roupas novas, enfeites, vestidos bordados em ouro e prata, caixas de costura de veludo e prata trabalhada. E tudo isso em dobro, porque a mãe tinha de fazer também boa presença e seguir o estilo Império.

Diogo, que não podia ficar para trás, precisou de novas fivelas, abotoaduras, esporas, bengalas e bainhas para as suas facas, tudo em prata. Teve de reformar a cadeirinha e comprar librés para os escravos. E uma sege e um cavalo, porque ficava mal continuar a atravessar a cidade numa charrete puxada por um burro caolho.

Porém, ao contrário do que aparentava, a família começou a passar dificuldades. Os salários de Diogo atrasavam. Os impostos aumentavam.

Salvou-o da falência um caixeiro-viajante inglês, que alugou o térreo de sua casa por um ano, para estocar mercadorias trazidas da Inglaterra.

As despesas subiam com as novas necessidades. Mas Diogo não esmorecia, encarando-as como investimento.

— O casamento da menina resolverá tudo — repetia sempre.

Maria, no entanto, vivia confusa e assustada.

Paulo Pepe/Nau Fotográfica

11 Civilizar Maria

[11] Civilizar Maria
Portugal comprava produtos industrializados da Inglaterra, que exercia domínio econômico sobre o reino e suas colônias, mas recebia influência cultural francesa. Por isso, para civilizar Maria, era preciso ensinar-lhe a etiqueta europeia e vesti-la segundo a moda francesa.

Em questão de meses sua vida tomara um rumo novo. Abrira-se para ela um mundo de bordados, passeios, prateados e dourados, veludos, candelabros, príncipes e princesas... mas o demônio velho, de casaca preta e monstro prateado na bengala, povoava seus pesadelos. O futuro a apavorava. A palavra "casamento" a fazia tremer.

Sua única alegria eram os presentes que recebia do caixeiro-viajante inglês, como os patins para o gelo e o porta-notas. Com o primeiro, cortava salame. O segundo, como só havia moedas, usou para guardar os santinhos da igreja.

Ninguém a informava de nada diretamente. Sabia de seu destino através de fragmentos de conversas do pai. Este já havia conversado com o barão. Entenderam-se bem. O próprio Príncipe estava de acordo.

Aprovava as associações entre lisboetas e brasileiros. Juntar a posição com a fortuna era uma forma de acalmar os ânimos destes e melhorar a situação daqueles.

Numa tarde abafada de verão sua mãe lhe comunicou que o casamento havia sido marcado.

Maria foi para a alcova, o quarto sem janelas do sobrado, para chorar escondido. Aquele conto de fadas estava cheio de monstros.

Nos dois meses que faltavam para a grande cerimônia, para a qual Diogo pedira um empréstimo no recém-fundado Banco do Brasil, a educação de Maria se intensificou, e a menina mal teve tempo de pensar.

— Estou nas nuvens! — exclamava Diogo a todo momento.

Apesar das dívidas, já beijara a mão do Príncipe e era praticamente certa sua promoção a juiz da alfândega. Sua mulher não lhe ficava atrás em contentamento, fazendo planos para os bailes da Corte e a reforma e decoração da casa de Mata Cavalos.

A uma semana do casamento, porém, Diogo voltou a sentar-se na cama, depois de se ter vestido e saído para o trabalho. Estava arrasado, e segurava um papel na mão direita.

— Mas o que é? — perguntou a mulher. — Voltaste?

— Passei no quarto da Maria. Sabes no que deu essa história de ensiná-la a escrever e a falar inglês?

— Diga lá...

— Deixou-nos um bilhete. Fugiu com o caixeiro-viajante.

Educação feminina

Você já imaginou não poder escolher com quem vai se casar? Há mais ou menos 200 anos, era essa a situação das garotas no Brasil.

Não é difícil entender a revolta de Maria contra o casamento arranjado e as injustiças em geral. A mulher deveria ser paciente, dedicada e totalmente submissa ao homem. Se acabassem os casamentos forçados, as mulheres ficariam livres para escolher seus próprios maridos, e isso poria fim à autoridade masculina dentro do lar.

A chegada da Corte portuguesa fez com que muitas meninas sonhassem com uma vida de conto de fadas, incluindo, quem sabe, um casamento com um nobre ou mesmo um príncipe. O casamento entre nobres falidos e mocinhas de famílias ricas era uma boa chance para os jovens melhorarem de vida, servindo ao mesmo tempo para manter a dominação masculina.

Hoje muita coisa mudou. As mulheres conseguiram reivindicar a igualdade de direitos com os homens. Ao que parece, no século XXI as mulheres conseguem traçar o próprio destino.

a maioria das mulheres não sabia ler

A disputa pela hegemonia europeia entre Inglaterra e França levou o imperador Napoleão Bonaparte a mandar invadir Portugal, que era aliado dos ingleses. Foi então que a família real e milhares de portugueses vieram para o Brasil.

A presença da Corte transformou a cidade, modernizando-a. A população quase triplicou. As atividades sociais e culturais, raras até então, intensificaram-se com a criação da Imprensa Régia, da Biblioteca e do Museu Real, do Teatro São João, da Capela Real de Música, do Jardim Botânico e com a difusão do ensino leigo, a cargo de professores e preceptoras.

Graças à Corte, as cerimônias públicas vieram quebrar a monotonia da vida das mulheres. Mas a família continuava patriarcal: os costumes rurais foram trazidos da fazenda para a cidade, sem qualquer alteração. As mulheres só saíam acompanhadas, e as filhas eram educadas para o casamento; algumas aprendiam a ler com algum parente ou preceptora só para usar livros de oração, pois os pais temiam os bilhetinhos para os namorados.

Foi assim que surgiu a linguagem das flores entre rapazes e moças. Uma simples flor era expressão de um pensamento ou de uma ordem: a rosa, amor; a espora, tristeza; a alfazema seca, ódio; a escabiosa, saudade; a fruta cajá queria dizer "venha imediatamente"...

A igreja era ponto de encontro dos namorados, que trocavam olhares apaixonados e às vezes um beliscãozinho. As paixões pouco importavam nos acertos familiares que resultavam em casamentos.

A partir dos 13 anos, a menina poderia se casar com um homem mais velho, que muitas vezes ela só conheceria no dia da cerimônia. Saber costurar, bordar e ter um dote era fundamental para fazer um "bom casamento".

Casada aos 14 anos, a menina logo se tornava uma matrona: engordava, adquiria papada, barriga e traseiro, bem ao gosto da época. Passava da dominação do pai à do marido, sem direito a vontade própria. Cheia de filhos, aos 30 anos já era considerada velha e permanecia grande parte do dia na cadeira de balanço, com um terço na mão.

durante as navegações, o apogeu

Reprodução/Museu Naval de Madri, Espanha

***A Cruz de Avis,* símbolo cristão na luta contra os mouros, representou Portugal durante toda a expansão marítima. A origem desta insígnia remonta aos templários — ordem de cavaleiros religiosos da Idade Média —, da qual o Infante D. Henrique fez parte. Com o fim desta organização, toda a sua riqueza foi transferida para a Ordem de Cristo, e grande parte investida nas navegações de descobrimento e exploração, nas quais Portugal foi pioneiro. No entanto, no início do século XIX, os tempos de glória já haviam passado: o reino lusitano estava enfraquecido e dependente.**

no século XIX, a fuga

Sete naus, cinco fragatas, dois brigues, duas charruas e alguns navios mercantes transportaram os portugueses e seus pertences para cá. Quantas pessoas seriam?

?

15.000

Num texto de 1866, Simão José da Luz Soriano afirmou que foram 15.000.

8.000

No século XX, o historiador brasileiro Oliveira Lima desconfiou; sua estimativa chegou a apenas 8.000 pessoas.

500

Estudos recentes calculam um total de 500 pessoas, pois seria difícil planejar a fuga de tantas pessoas e acomodá-las no Rio de Janeiro.

As divergências entre os pesquisadores continuam.

"

Jerônimo foi um esposo modelo pela sua dedicação e fidelidade à honestíssima e dócil senhora, com quem se casara; [...] a mãe educou as filhas no sacrário do lar doméstico; ensinou--lhes quanto sabia, a rezar, a coser e a bordar, a tocar o cravo e a guitarra, a dançar o minuete, e danças do tempo, a preparar delicadíssimos doces, a governar a casa e nada mais; não sabendo ler, deixou-as na mesma triste ignorância.

[...]

Assim, Jerônimo Lírio, o chefe, dirigia exclusivamente os negócios e neles resolvia tudo sem consulta anterior e sem conhecimento posterior da Sra. Inês; esta governava absolutamente na economia doméstica, no que o marido só intervinha, quando a mulher precisava do seu concurso; cada uma das duas filhas por sua vez fazia semana subgovernando e dirigindo todos os serviços domésticos debaixo das vistas de sua mãe, cada uma tinha sua escrava particular que costurava e engomava seus vestidos e a servia no quarto; os costumes dessas escravas eram especialmente zelados. As duas meninas não falavam a pessoa estranha, senão em presença de seus pais, e nunca passeavam nem se mostravam sós.

O cuidado do futuro da família pertencia a Jerônimo, que diria oito dias antes do casamento os nomes dos noivos de suas filhas a sua mulher: mais ainda em segredo, porque bastava que as noivas os soubessem na véspera do enlace nupcial.

"

MACEDO, Joaquim Manuel de. As mulheres de mantilha. *3. ed. São Paulo, Melhoramentos, 1965. p. 32 e 157.*

escravos e imigrantes no Império | século XIX

a expansão cafeeira

Reprodução/Coleção José Mindlin, São Paulo, SP

fazenda Ibicaba, em Limeira

Reprodução/Biblioteca Municipal Mario de Andrade, São Paulo, SP

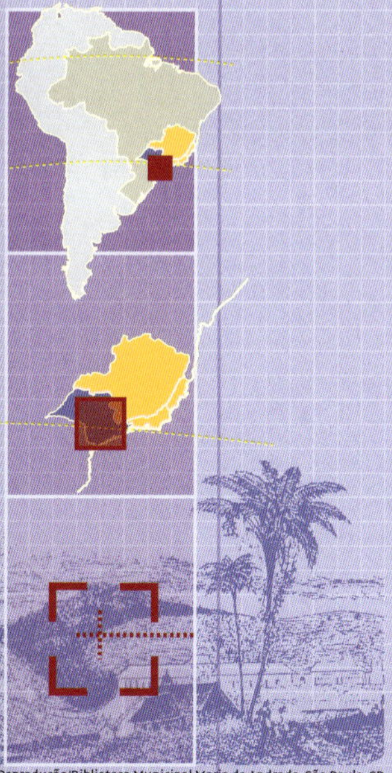

Reprodução/Biblioteca Municipal Mario de Andrade, São Paulo, SP

última vontade

Reprodução/Museus Castro Maya, Rio de Janeiro, RJ

2 escravo

1 tuberculosos

Reprodução/Arquivo Público Mineiro, Belo Horizonte, MG

[2] escravo
O escravo era propriedade de um dono, a quem obedecia e prestava trabalho forçado. Sua condição era hereditária, e ele podia ser negociado como mercadoria. Até o século XIX, o escravo africano foi o principal trabalhador no Brasil.

[1] tuberculosos
Tão temida como a Aids hoje, a tuberculose foi uma doença fatal até o século XX, quando a penicilina e a vacina BCG foram descobertas.

A enfermeira cruzou o corredor entre as camas, na enfermaria dos **tuberculosos** [1], verificando os pacientes nos leitos. Eram todos indigentes. A maioria negros. Alguns mulatos. Nenhum branco.

Ela estava começando seu plantão. O som das dezenas de hemoptises batendo nas escarradeiras de metal ao lado dos leitos abafava seus passos. Alguns conseguiam dormir. Outros não acordariam.

Estava tudo calmo, apesar de ser o último dia do século XIX.

Um deles a chamou:

— Sinhá...

Um negro muito magro, com o cabelo e a barba esbranquiçados. Tinha os olhos injetados e apertava a barra do lençol encardido com os dedos compridos.

— O que foi? — perguntou a enfermeira. — Sente dores?

— Toda a vida. Mas não é isso.

— Pode dizer.

— Vou morrer.

Ela nunca sabia o que dizer nessas horas. O homem continuou:

— Eu queria ver a festa.

A enfermeira não estava preparada para aquilo. Não tinha autorização. Era expressamente proibido sair com um paciente em fase terminal. Não podia.

Ele sorriu:

— Sei que a dona só deve fazer o que mandam. Se não quiser não precisa. Não fico maçado. Fui **escravo** [2] toda a vida e nunca tive uma vontade satisfeita. Acabei me acostumando.

Ela balançou a cabeça. E trouxe a cadeira com rodas de madeira que estava no canto.

— Eu não devia fazer isso. Se alguém nos pega... — ela foi repetindo, enquanto empurrava a cadeira pelos longos corredores do pavilhão lateral. — Mas é um minuto só, viu? Voltamos rápido.

Levou-o para uma pequena varanda nos fundos do prédio. Dali, do alto do sobrado, podiam ver a rua de um bairro pobre da cidade de Limeira, no oeste paulista.

Havia luzes em todas as casas. Portas e janelas abertas. Pessoas sentadas nas calçadas. Gente dançando. Crianças correndo por todo lado. Fogueiras. Bandeirolas.

A enfermeira trouxe uma escarradeira, colocou-a do lado esquerdo do homem, e sentou-se num banco, à direita. Ficaram em silêncio. Os olhos dele estavam cheios de água.

Eram dez horas da noite. Ela pretendia ficar uns quinze minutos.

Sentiu-se incomodada com o silêncio e puxou assunto:

— Essa cadeira de rodas geme feito um carro de boi. O barulho podia ter acordado os outros. Eu seria repreendida.

— Trabalhei com carroça a vida toda. Gosto do barulho — disse ele, sem tirar os olhos do movimento da rua.

— Pois eu nunca suportei. Desde criança, quando cheguei ao Brasil. De tudo por que passei, acho que o que mais me irritou foi o rangido das rodas das carroças daqui. Na Suíça elas não faziam esse barulho.

— Então não prestava. Carro de boi bom é gemedor.

— Nada. Dava nos nervos.

— Os colono fazia roda que não gemia, mas o pessoal da senzala não gostava.

— Era um martírio. Bastava lubrificar o eixo.

— Perde a música. O cafezal fica triste.

Ele teve um ataque de tosse e cuspiu sangue. Ela mudou de assunto:

— Quer dizer que trabalhou em fazenda de **café** [3]?

— Nasci numa. E vivi sempre lá. Era pra já ter morrido, mas resolvi viver.

— E qual foi a fazenda? Aqui perto?

— Bem pra lá — ele apontou o dedo ossudo para a esquerda, algum ponto depois das pequenas colinas que ondulavam no horizonte. — Fazenda Ibicaba.

Ao ouvir esse nome, a enfermeira estremeceu.

— Eu conheço — ela disse. — Foi para lá que eu fui quando cheguei ao Brasil. Vinha da Suíça, tinha 14 anos. Foi no ano de 1855.

O homem olhou para ela. Agora era ele que se espantava:

— Em 55 eu estava lá. Minha mãe trabalhava na casa do barão, o senador Vergueiro. Eu já batalhava na lavoura. Também tinha 14 anos.

— Eu era **imigrante** [4]. Vim com meu pai, minha mãe, três irmãos e um tio doido.

— Foi quando o branco ficou mais barato que o preto. Eu bem lembro quando a turma de colono chegou. Parecia bicho que vive embaixo de pedra. Sem cor.

— Meu pai veio com um **contrato de parceria** [5] com a Companhia Vergueiro, e ficamos lá em Ibicaba mesmo. Na vila dos colonos.

— Então nós deve de ter se visto.

3 café

[3] café
O crescimento do consumo mundial fez expandir os cafezais para o oeste da província de São Paulo. O fim do tráfico negreiro (1850) ocasionou grande demanda de mão de obra.

[4] **imigrante**

Os europeus que enfrentavam miséria e desemprego em seus países de origem (Itália, Suíça, Alemanha etc.) sentiram-se atraídos a tentar vida nova na América, em países como Brasil, EUA e Argentina. Os imigrantes que trabalhavam na lavoura eram chamados de "colonos".

Reprodução/Galeria de Arte Moderna, Roma, Itália

4 imigrante
5 contrato de parceria

[5] **contrato de parceria**

O senador Vergueiro iniciou o sistema de parceria em sua fazenda Ibicaba. A viagem e as despesas dos imigrantes eram financiadas pelo proprietário, que cobrava a despesa com juros. O imigrante cultivava café e dividia com o fazendeiro os lucros da produção.

— Vou fazer 60 anos... Mudei muito. Era magrinha. Cortavam meu cabelo curto, por causa dos piolhos... Ficavam espetados assim...

O rosto do homem se iluminou:

— Como um caroço de manga chupado... Com todo o respeito, dona... mas o povo coloca apelido... A senhora era a Carlotinha!

A enfermeira sorriu e passou a mão no cabelo:

— É. Sou eu mesma...

O homem apertou os braços da cadeira:

— Dona Carlotinha! Pois eu sou o Tonho. Lembra de mim?

Ela abriu muito os olhos:

— Tonho? O Tonho da...? Verdade?

— Em carne e osso. Pouca carne...

Ficaram se olhando em silêncio, engasgados. Ele começou a tossir. Ela bateu em suas costas até que cuspisse, depois reclinou seu tronco para trás e pôs a mão em sua testa para acalmá-lo.

Ficaram um bom tempo olhando a rua, em silêncio.

Tonho escarrou sangue duas vezes. Carlota limpou-lhe a barba com um lenço.

— Eu era um franguinho, e a senhora a coisa mais linda que eu já tinha visto na vida. Confesso que espiava a menina trabalhar.

A enfermeira acanhou-se:

— Eu? Um caniço... imagina...

— Rosto de branco avexado fica cor de pimenta-malagueta — o homem riu.

— Duas crianças...

— Eu acenava de longe. Dona Carlota respondia. Seu pai não gostava.

— Os colonos e os escravos não se misturavam.

— O feitor acordava os preto às cinco, tocando o sino. Às seis o pessoal já tava na roça. Às seis da tarde voltava, em fila, entrava na senzala, o feitor passava o cadeado no portão e pronto. Era essa a vida.

— Não tive escolha. Nem casa.

— Sobrevivemos, Tonho. "Deus dá o frio conforme a roupa."

— Só se for aos branco. Levei a vida sem agasalho.

Ele tossiu com força e começou a tremer. Cuspiu sangue.

— Por falar nisso, é melhor se proteger deste sereno — ela disse. — Vamos voltar à enfermaria...

— Não... por favor — ele pediu, respirando com dificuldade. — Vou confessar, dona Carlota... Eu tinha dois sonho na vida. Um deles era estar vivo pra ver a passagem do novo século.

— Mas...

Ele a olhou, sério:

— Uma última vontade...

Ela sorriu:

— Está bem. Vou trazer um cobertor.

Ela voltou em seguida e o cobriu. Ele teve um acesso de tosse e não conseguiu agradecer.

— Está com febre, Tonho. Não devia...

— Vou morrer. Já não importa o cuidado.

A proximidade da meia-noite fazia o povo na rua se agitar cada vez mais.

A música não parava. O grito das crianças. As risadas das mulheres. Tonho balançava a cabeça, satisfeito.

— Você disse ter dois sonhos — ela continuou. — O primeiro está quase para acontecer. Qual é o segundo?

— Queria ser cocheiro. Comandar uma parelha de cavalo branco. Sentar na boleia. **Calçar sapato** [9]. Vestir sobrecasaca preta e sapato em dia de festa. Só isso. Um sonho de escravo.

— Conseguiu?

— Graças a um ancinho que me furou o pé e atravessou o tendão. Depois daquilo perdi o único sonho que tinha até então, que era fugir. Minha mãe conseguiu me colocar no serviço da casa-grande. Fiquei acendendo e apagando castiçal, enchendo moringa, polindo prata, batendo em almofada. Com o tempo cheguei a cocheiro. Tive sapato. Mas nunca usei sobrecasaca. Nem chicoteei os cavalo sem lembrar das marca em meu próprio lombo.

Carlota olhou para as estrelas, com ar divertido:

— Aos 14 anos, no tempo que vivi em Ibicaba, eu também tinha um sonho.

Posso saber qual era?

9 Calçar sapato

[9] Calçar sapato
O uso de sapatos era um importante elemento de diferenciação social entre as pessoas livres e os escravos. Negros libertos tinham, portanto, o sonho de calçar sapatos, vestir roupas e adotar, à medida do possível, o comportamento dos brancos, para demonstrar sua posição diferenciada na ordem escravista.

— Eu queria, mais do que tudo na vida... ter um tapete.

— Tapete? — ele riu.

— Na casa-grande eles tinham tapetes embaixo dos móveis, na sala, nos quartos. E eu era obrigada a viver sobre a terra batida. Até dentro de casa.

— E conseguiu?

— Depois que minha família morreu, herdei uma dívida de dois contos de réis. Então o médico aqui de Limeira se interessou por mim e propôs casamento.

— Lembro dele. De luneta no olho.

— Era mais velho, mas um homem bom. Pagou o que eu devia à Companhia Vergueiro e me levou embora. Então eu estudei, cheguei a ser professora. Tive alguns tapetes...

— O dinheiro só faz o amor crescer.

— Ainda bem que médicos estão acostumados a rostos tristes. Depois que ele morreu me fiz enfermeira. Para ajudar os outros.

— Parabéns, dona Carlota. O mais difícil nesta terra é não terminar com o coração pervertido.

Teve um novo acesso de tosse, mais violento do que todos. Ela segurou sua cabeça enquanto ele cuspia. Depois o recostou na cadeira e recobriu-lhe o peito com o cobertor. Ardia em febre.

— Então a liberdade de vosmecê custou dois conto... — ele lembrou.

— Não paravam de acrescentar despesas à caderneta. Seis mil-réis pelo aluguel do pasto para uma vaca. Multas de até cinco mil-réis por se afastar da fazenda sem autorização ou fazer queixa contra um superior. Contribuição para reformar capela, e nós nem éramos católicos! Dez mil-réis por uma visita de médico! Trezentos réis por criança, se um colono quisesse mandar o filho estudar! Fora o que nos roubavam no preço dos mantimentos que nos obrigavam a comprar em Ibicaba...

— É verdade. O sal custava a metade aqui em Limeira. O açúcar lá também era o dobro.

Um passado condenável

É difícil acreditar que há pouco mais de cem anos ainda havia escravidão no Brasil. Enquanto os operários se uniam contra o poder dos patrões na Europa, elaborando manifestos e liderando greves, por aqui os negros sofriam castigos desumanos. A Lei Áurea trouxe a liberdade, mas não os livrou do preconceito, que permaneceu arraigado na sociedade.

Enquanto isso, os europeus enfrentavam miséria e desemprego, e o Brasil se abria a eles com a promessa de prosperidade. Os que vieram logo descobriram que a realidade era bem outra, como mostram as confissões de Carlotinha... A maioria acabou abandonando o trabalho quase escravo nas fazendas de café e veio engrossar a massa de miseráveis que tentava sobreviver nas grandes cidades como Rio de Janeiro e São Paulo.

Miséria, violência, desemprego, preconceito, ignorância... Não é difícil reconhecer nos problemas que enfrentamos hoje os erros do passado.

— E sobre a dívida ainda acresciam um juro de 6% ou mais!

— Muitas vez nos mandavam destruir as plantação dos colono pra obrigar vosmecês a comprar na venda da fazenda. Os escravo obedecia.

— Por que não se rebelavam? Eram em maior número que os patrões.

— Eles tinha arma. Os de nós que podia fugia. Era só obedecer ou morrer. Vida de colono ainda custava trinta mil-réis ao patrão, que é quanto cobrava um assassino de aluguel. Escravo eles matava de graça.

— Eu era menina e me lembro. De Santos até Ibicaba... quantas cruzes pelo caminho. Tive pesadelos com aquilo.

— Depois mandava construir capela e ganhava perdão.

— O senador Vergueiro vivia repetindo: "Não tenho medo nem de Deus!"

Nova crise de tosse. A escarradeira enchia-se de sangue. Tonho esforçou-se para continuar falando:

— Dois conto custou a liberdade da senhora? Pois é quanto custava uma alforria. Uma terra onde se compra a liberdade... — e apontou para a frente, com o queixo.

— **A escravidão acabou** [10], Tonho.

— A mim nem cobraram. Me deram a liberdade quando fiquei doente, como uma punição. **Fui abandonado à própria sorte** [11].

A algazarra na rua parecia chegar ao auge. Todos gritavam, dançavam, pulavam, levantavam garrafas, brindavam.

— Quase meia-noite — ela disse.

— O século novo não tarda. Espero que seja melhor do que este.

Reprodução/Fundação Arquivo Nacional, Rio de Janeiro, RJ

10 A escravidão acabou

11 Fui abandonado à própria sorte

[10] A escravidão acabou
Ao lado da resistência dos escravos, ideias abolicionistas se desenvolveram em meados do século XIX. A monarquia aprovou as leis do Ventre Livre (1871), dos Sexagenários (1885) e Áurea (1888). Esta aboliu a escravidão, mas não integrou o ex-escravo à sociedade.

[11] Fui abandonado à própria sorte
Os libertos não tinham para onde ir. Muitos permaneceram nas fazendas, trabalhando em troca de casa e comida. Outros foram para as cidades, onde passaram a viver de pequenos serviços, formando as favelas e os cortiços.

12 República

[12] República
O Império, que durou de 1822 a 1889, caiu devido às transformações promovidas pelo café e pela Guerra do Paraguai. Na década de 1870, organizou-se o Partido Republicano, aumentando as críticas à monarquia. Cafeicultores paulistas desejavam mais autonomia, e militares, participação política. A República atenderia aos interesses da oligarquia cafeeira. A caricatura mostra os políticos do Partido Republicano puxando a rede em águas agitadas, atraindo seguidores para o movimento entre aqueles que se opunham ao Império.

— Será, Tonho. O Império acabou. Vivemos numa **República**[12].

— Não sei não, dona Carlota. Político é como carrapato. Quanto mais a gente tenta tirar, mais eles se agarra.

— As coisas estão mudando.

— Será? Esses home do Partido Republicano... não é tudo fazendeiro de café? Pois agora é que os rato estão bem dentro do queijo.

Então ouviram os primeiros fogos.

— Agora falta pouco, Tonho.

Ansioso, ele começou a tossir. Tremer. Cuspiu mais sangue. Conseguiu controlar-se.

— Obrigado, dona Carlota.

— Não diga a ninguém que eu o trouxe aqui para fora.

— Não estou agradecendo só isso, não.

— O que mais, Tonho?

— Meu coração tinha secado. Encontrar a senhora e lembrar daquele tempo me fez bem.

— A mim também. Obrigada, da mesma forma.

— Seu Deus mandou dizer que se deve amar ao próximo. Mas é muito mais difícil amar o distante.

Ele então tomou coragem e estendeu a mão a ela. Carlota apertou aquela mão cheia de calos, já fria, e sorriu.

— Nós nunca devia esquecer o que sente um coração quando é moço — ele disse.

E então começou o foguetório.

Meia-noite. 1901.

Ela olhava a festa. Ouvia os gritos, a música, os fogos, o badalar dos sinos. E chorava.

A mão que segurava estava rígida. Quando o silêncio voltasse não escutaria mais a respiração do amigo.

escravos e imigrantes só podiam sonhar

Produto da moda na Europa e nos EUA, o café predominou nas exportações brasileiras a partir de 1830. Promoveu no Sudeste o surgimento de cidades, a expansão de ferrovias e o trabalho livre e fez surgir os "barões de café", tão poderosos quanto os senhores de engenho nordestinos.

A América era uma sedução para os milhares de "deserdados" da Europa, sem terra e sem emprego. A promessa de trabalho, terra e fortuna fácil atraiu mão de obra para a cafeicultura, principalmente depois que o tráfico negreiro fora proibido.

Em 1847, o senador Nicolau de Campos Vergueiro iniciou o sistema de parceria em sua fazenda, na qual também trabalhavam escravos — marcados a ferro quente e castigados no tronco. Foi difícil ao fazendeiro acostumar-se aos imigrantes, assim como a eles aceitar os maus-tratos.

A mudança para um país tropical e escravista, as péssimas condições de trabalho e moradia e o crescente endividamento dos imigrantes que, por mais que trabalhassem, estavam sempre devendo à venda do patrão, causaram revolta, e esse sistema de trabalho fracassou.

Com a abolição da escravatura, em 1888, o escravo ficou livre, mas se tornou o "negro", o "homem de cor" marginalizado. Alguns continuaram a viver com os antigos donos; outros foram para as cidades, onde viviam de "bicos", com pouca chance de se integrarem à sociedade.

A concepção de trabalho mudou com a chegada de novas levas de imigrantes, financiadas pelo governo. Eles encaravam o trabalho como uma chance de adquirir riqueza e ascensão social, mas poucos puderam concretizar esse sonho.

No século XIX, escravos e imigrantes, tanto crianças quanto adultos, compartilharam a mesma experiência de trabalho duro nos cafezais, de submissão ao latifundiário e de sonhos frustrados, por mais simples que fossem.

navios a vapor

No século XIX, os imigrantes vinham para o Brasil por vontade própria, à procura de melhores condições de vida. Geralmente pobres, viajavam na terceira classe dos navios a vapor. Tinham no entanto, alimentação e atendimento médico e se divertiam com danças e cantorias.

viagem — terceira classe — imigrantes

» 30 dias aproximadamente

Brasil
porto de Santos » serra do Mar » trem » interior | 1867

navios negreiros (ou tumbeiros)

Os escravos, capturados à força na África, eram trazidos para o Brasil nos porões dos navios negreiros. Tratados como animais, ficavam acorrentados: crianças em pé, mulheres grávidas sentadas, e homens deitados. A mortalidade era tão alta que esses navios foram chamados de tumbeiros.

viagem — porão — 500 escravos

» 40 dias aproximadamente

Brasil

Porto do Rio » mercado de escravos do Valongo

"

Um poeta dizia que o menino é pai do homem. Se isto é verdade, vejamos alguns lineamentos do menino. Desde os cinco anos merecera eu a alcunha de 'menino diabo'; e verdadeiramente não era outra coisa; fui dos mais malignos do meu tempo, arguto, indiscreto, traquinas e voluntarioso. Por exemplo, um dia quebrei a cabeça de uma escrava, porque me negara uma colher do doce de coco que estava fazendo, e, não contente com o malefício, deitei um punhado de cinza ao tacho, e, não satisfeito da travessura, fui dizer à minha mãe que a escrava é que estragara o doce 'por pirraça'; e eu tinha apenas seis anos. Prudêncio, um moleque de casa, era o meu cavalo de todos os dias; punha as mãos no chão, recebia um cordel nos queixos, à guisa de freio, eu trepava-lhe ao dorso, com uma varinha na mão, fustigava-o, dava mil voltas a um e outro lado, e ele obedecia, — algumas vezes gemendo — mas obedecia sem dizer palavra, ou, quando muito, um — 'ai, nhonhô!' — ao que eu retorquia: — 'Cala a boca, besta!'.

"

ASSIS, Machado de. Memórias póstumas de Brás Cubas. 30. *ed. São Paulo, Ática*, 2011. p. 39-40.

o início do movimento operário século XX

São Paulo no começo do século XX

Nasha Gil/Acervo da Ilustradora

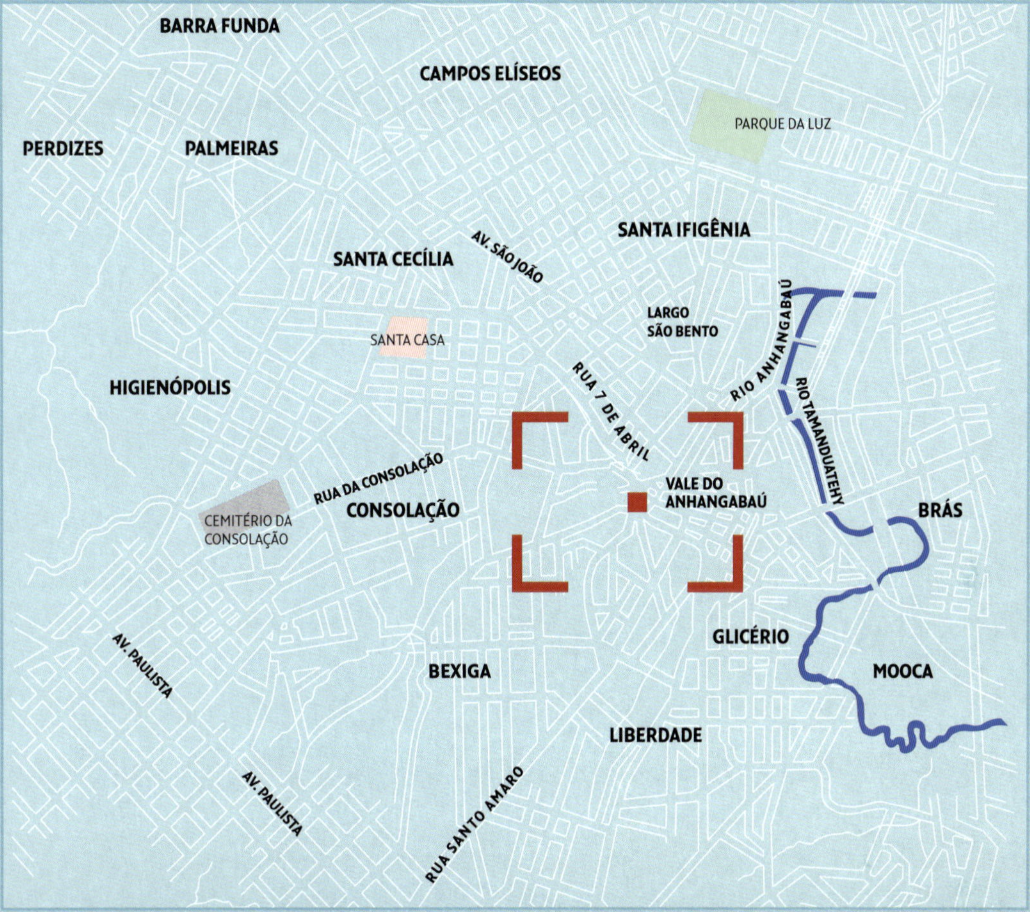

detalhe do vale do Anhangabaú

Reprodução/Secretaria Municipal de Cultura, São Paulo, SP

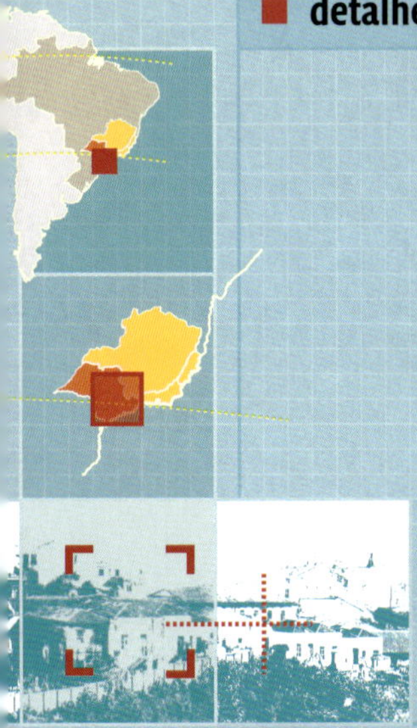

Reprodução/Secretaria Municipal de Cultura, São Paulo, SP

São Paulo não pode parar

1 Mariângela

Reprodução/Acervo Iconographia/Reminiscências

Mariângela[1]

A fábrica de tecidos Mariângela pertencia a Francesco Matarazzo, imigrante italiano que se tornou empresário de sucesso. Crianças também eram empregadas na indústria, sujeitas a perigos, castigos e longas jornadas de trabalho.

2 Bambino

Reprodução/Acervo Museu da Imigração/Arquivo Público do Estado de São Paulo, SP

Bambino[2]

Mais da metade da população paulistana no início do século XX era constituída de estrangeiros. Eram principalmente italianos, espanhóis e portugueses, que trabalhavam nas fábricas, na construção e no setor de serviços. "Bambino" é menino em italiano; "galego" e "mondrongo" são apelidos dados ao português.

Beppo jogava futebol no meio da rua em frente ao cortiço quando o homem apareceu.

Eram onze da manhã de sexta-feira. 30 de março de 1923.

Beppo estava cansado. Trabalhara durante toda a noite nos teares da fábrica de tecidos **Mariângela** [1].

Mas não perderia por nada aquela partida contra os meninos espanhóis e portugueses do final da rua.

O homem assistia ao jogo da sombra de uma árvore, fumando um charuto. Vestia terno escuro, gravata e chapéu borsalino. No intervalo, chamou o menino.

— *Signore...?* — atendeu Beppo, assustado.

— **Bambino** [2]... está levando um baile daquele galego. Ele é gordo! Se você pegar a bola e correr pela esquerda ele não alcança. O guardião deles é outro bocó. Se colocar a bola rasteirinha, na esquerda, o mondrongo não pega uma.

— *Va bene...*

— Você é irmão da Carmela?

— *Sono io, dottore...*

— Ela mora neste cortiço, não mora?

— Ali — Beppo apontou para uma janela do terceiro andar.

— Onde tem um lençol pendurado?

— *Mio fratello* faz xixi na cama.

— Volta lá, mostra pra eles como se joga, patrício. *Ciao!*

Assim que acabou a partida, um dos velhos que jogavam a morra, sentados em caixotes no portão do cortiço, avisou:

— Ó Beppo! *Tua mamma ti chiama!*

A velha gritava da janela, sacudindo o chinelo:

— *Maledetto*! Se te pego te arrebento!

O menino foi ver o que ela queria.

Atravessou o pátio, passando entre as roupas do varal para cortar caminho. Uma velha muito gorda, com os cotovelos apoiados a um travesseiro no batente da janela do térreo, maldisse:

— O esbregue lá em cima está grande, menino. Vai ganhar uma lapada...

— O couro da navalha já está esticado — riu a vizinha, limpando uma gaiola. — Prepara o lombo.

Ele não lembrava de ter feito nada errado. Na certa iam mandá-lo ao armazém do Nicodemo, comprar mais tomate para o ravióli.

Entrou na cozinha, confiante. Levou logo um tabefe na orelha. A mãe estava furiosa.

— *Figlio di un cane*! Sabe quem era aquele *signore*? Sabe?

— No, *mamma*... no...

Era um polícia, *infelice*! Um polícia! Explique pro seu *fratello*, Carmela...

A irmã mais velha chorava enquanto mexia o molho na panela. Bonita, 20 anos, enxugou as lágrimas no pano de prato:

— Era o subdelegado Carmo, da delegacia da 7 de Abril. Estava atrás do meu Gaetaninho...

A mulher deu um beliscão no braço de Beppo, que reclamou:

— Ai! E *io*... que tenho com isso?!

— Você contou onde eu morava — continuou Carmela. — Ele fez ameaças.

— O homem já sabia onde você morava — defendeu-se Beppo. — O que o Gaetano fez?

A mãe sentou-se na cadeira, desanimada, calçou o chinelo e contou:

— O *disgraziato* é **anarquista** [3]! Criou confusão na porta de uma fábrica...

— No, *mamma*. Já expliquei. Ele promovia a greve geral! Distribuía panfletos para motivar os operários! É preciso fazer a revolução e...

— Ele vai ter de explicar isso ao delegado...

— Eu quero sair desta vida! — gritou a moça. — Deste lugar! Deste cheiro de mijo de gato e gaiola suja! Destas torneiras sem água! Destes velhos me ameaçando porque aprendo datilografia!

— São todos patrícios. Estamos bem entre eles. Planta sem raiz morre. E essa *maledetta* máquina não deixa ninguém dormir.

— Passamos a vida provando aos ricos, lá nos seus palacetes, que podemos viver como animais! — e Carmela apontou pela janela, de onde se via o vale do Anhangabaú, e, no alto, os casarões da Avenida Paulista.

— Pois eu quero é me mudar pra lá um dia... — suspirou a mãe.

— Nos sujeitamos aos ricos, aos fazendeiros, aos padres, aos políticos...

— Ora, são as autoridades. O que quer?

— Eu reconheço a autoridade do sapateiro sobre os sapatos, mas nem por isso o deixo escolher o que vou calçar!

— Este Gaetano enfia coisas na sua cabeça, e você vai na onda. Autoridade, *figlia mia*, é quem pode obrigar alguém a fazer o que não quer.

A mãe jogou o ravióli na panela de água quente e ficou mexendo.

— Tome água de flor de laranjeira para se acalmar, *figlia* — sugeriu. — E se aquiete ou você perde o emprego.

Carmela ficou batendo com a colher no tampo da mesa:

3 anarquista

[3] anarquista
O anarquismo defende uma sociedade sem Estado ou qualquer outra forma de autoridade. Essa ideologia se desenvolveu na Europa no século XIX e chegou ao Brasil com os imigrantes.

— Como se fosse um privilégio passar 12 horas por dia na Mariângela para ganhar 10 mil-réis por semana. Matarazzo, *figlio di un cane*! E ainda mandam dinheiro para Mussolini!

— Pois com seu pai tuberculoso, jogado lá na Santa Casa, é com o dinheiro da Mariângela que a gente vive.

— Temos é que acabar com essa **plutocracia** [4]!!

— *Stai zitta! Questo* anarquista ainda ensina palavrões a você! *Stai attenta che ti spacco la faccia!*

Carmela levantou, chorando, foi para o quarto e bateu a porta. No caminho, arrastou Beppo com ela.

Os dois irmãos menores dormiam.

Carmela levou Beppo até um canto e sussurrou, tirando um envelope de baixo da blusa:

—Tem de me ajudar, Beppo. *Per favore!* Estou desesperada! Você precisa avisar Gaetano que a polícia está atrás dele. E entregar-lhe isto. É um bilhete e os 400 mil-réis que me pediu para guardar.

— *Cáspita!*

— Ele estava juntando dinheiro para casar...

— *Ma perché tu non...?*

— O tal subdelegado vai me seguir. Você conhece Gaetano. Foi passear conosco, sabe onde ele gosta de ir.

— E se me pegarem?

— Não vão pegá-lo. Se prenderem Gaetano, ele será **torturado** [5] e mandado de volta para a Itália...

— *Io non sei...*

— Você não dizia que era anarquista, como nós?

— Também brinco de Tom Mix e Rodolfo Valentino...

Carmela recomeçou a chorar.

Beppo passou a mão nos cabelos da irmã e consolou:

— *Non piangere*... eu vou...

Guardou o envelope no bolso e saiu correndo.

Resolveu seguir pela Rua Fortaleza, pegar a Luís Antônio e passar na gráfica clandestina do Largo do Piques, onde Gaetano imprimia panfletos revolucionários.

Quando passou na frente do armazém do Nicodemo, lembrou que saíra de casa antes de comer o ravióli. Entrou e pediu um pão cascudo:

— Um arrebenta-gengiva, *per favore*.

4 plutocracia

[4] plutocracia
Sistema político que associa diretamente a riqueza ao exercício do poder. Embora a plutocracia não exista como um sistema político sustentado exclusivamente pelo critério da riqueza, esse termo é muito utilizado para se referir à presença de segmentos da elite econômica no controle do poder político.

5 torturado

[5] torturado
O governo reprimia o movimento operário com a força policial ("questão social é caso de polícia") e leis — como a que combatia o anarquismo e a que previa a expulsão de estrangeiros considerados perigosos.

— Vai pagar agora ou anotar na caderneta? — perguntou o Nicodemo.

— Anotar na caderneta — respondeu o menino.

— *Scusi*, ma não anoto mais nada enquanto tua *mamma non* pagar o que deve! Acabou o crédito, *hai capito*?

O homem falou alto. Os fregueses ouviram. Beppo não pôde engolir a ofensa Tirou o envelope do bolso e mostrou algumas notas:

— Então some tudo que vou pagar agora — disse bem alto.

Nicodemo ficou envergonhado:

— Pipoca! Também não era sangria desatada...

— E traga logo um pão com queijo Palmira e uma gasosa. E um pirulito de abacaxi e um chocolate Lacta. Ah, e também um lápis com a ponta feita e um pedaço de papel.

Comeu às pressas, saldou as dívidas da mãe, correu, pulou no estribo e se agarrou no balaústre do **bonde** [6] que ia do Bexiga para o Brás.

Saltou na esquina com a 23 de Maio e entrou na gráfica. Ficava num sobrado, na esquina com a Rua Formosa.

— Gaetano acabou de sair — disse um espanhol, com as mãos sujas de tinta. — Disse que ia na barbearia do Amatuzzi, na Avenida São João.

Beppo correu toda a Rua Formosa. Entrou bufando na barbearia. Januário Amatuzzi o reconheceu e perguntou o que queria. Havia muita gente. O menino achou melhor não perguntar por Gaetano.

— Minha mãe me mandou cortar aqui e aqui... — disse, apontando para a própria cabeça.

Amatuzzi o mandou sentar e esperar. Era isso que Beppo queria. Era sexta-feira. Gaetano devia estar jogando *scopa* a dinheiro nos fundos da barbearia.

O tempo passou. Acabou cortando o cabelo e teve de pagar 600 réis.

No final, foi Amatuzzi quem esclareceu:

— *Ma perché* não veio com o namorado da sua irmã?

— Ele passou por aqui?

— Saiu um pouco antes de você chegar.

— E aonde foi?

— Jogar bilhar no Cassino Paulista, aí em frente.

Atravessou a rua, passou pelo balcão e procurou entre as mesas. Havia muita fumaça e cheiro de bebida. Perguntou por Gaetano a um garçom.

— Pois estava aqui até inda há pouco — disse o português. — Foi para o **Centro Dramático Social** [7]. No Brás.

[6] bonde
O transporte nas grandes cidades era feito por bondes e automóveis; entre cidades, o trem ainda era o meio mais utilizado. A palavra "bonde" nasceu no Rio de Janeiro, com a primeira linha de bondes elétricos criada na cidade: um certo número de bilhetes dava direito a uma troca por ações (bonds) da empresa inglesa. Além de passageiros, os bondes transportavam cartas, água, carne.

Reprodução/Fundação Patrimônio Histórico da Energia de São Paulo, São Paulo, SP

6 bonde

Reprodução/Acervo Iconographia/Reminiscências

O TRABALHADOR GRAPHICO

SALVE
1.º DE MAIO
1886-1926

7 Centro Dramático Social

[7] Centro Dramático Social
Os imigrantes italianos sabiam da importância do ensino e da cultura para preservar a identidade, por isso criaram associações, escolas, sindicatos, jornais e teatros. Muitos destacaram-se como atores e diretores. Em 1908, o II Congresso Operário de São Paulo incentivou a criação de "centros dramáticos sociais", onde os operários encenavam peças anarquistas, cantavam trechos de óperas, declamavam poesias, faziam conferências e quermesses.

Lá, disseram que acabara de sair. Foi atrás dele no Sindicato dos Operários da Indústria Têxtil, no Circolo Unione Calabrese, na redação dos jornais *Fanfulla* e *Il Piccolo*, e na Sociedade Beneficente e Recreativa do Bexiga.

A tarde chegou ao fim. Estava cansado e faminto, vagando pela Rua Direita, olhando as vitrinas cheias de artigos de luxo. Resolveu entrar num restaurante para comer uma pizza, mas o barraram na porta.

Beppo foi então até a **Mappin Stores** [8] e comprou roupas novas. Paletó e calça de brim, camisa de casimira, ceroula, boina de feltro e sapatos de couro. Trocou as tiras de saco por suspensórios de verdade.

Voltou ao restaurante e pediu:

— ***Una pizza con molto alice*** [9], *eh*!

Quando saiu, levou um grande susto. O subdelegado Carmo e mais dois policiais passavam apressados pela calçada oposta.

Escondeu-se num bar. Foi quando bateram no seu ombro e mexeram com ele:

— Pois vejam como o *ragazzo* está chibante...

Era outro amigo do namorado de Carmela. Sabia onde encontrar Gaetano.

— Marcou encontro comigo à noite — disse ele. — Mas só digo onde se me pagar uma *pinghina*.

Beppo gastou 200 réis para saber que o anarquista estaria às dez da noite no Bar Boa Vista, na Avenida São João.

O que fazer até aquela hora?

Lembrou então que a série *Maciste em Férias* estava passando no Cine República e foi assistir.

No caminho sentiu-se tão bonito que tirou uma foto num lambe-lambe, no meio da Praça da República. Doze mil-réis por meia dúzia.

Às dez da noite desceu a Avenida São João até o Bar Boa Vista, ao lado do Cassino Paulista. Muitos ho-

[8] Mappin Stores
Foi a primeira loja de departamentos de São Paulo. Oferecendo roupas prontas, tornou-se referência da moda, até então nas mãos de costureiras. Mais tarde, passou a ser chamada Casa Mappin, depois Casa Anglo-Brasileira e finalmente Mappin. No anúncio vê-se a moda das "melindrosas" dos anos 20, época do charleston, o ritmo internacional do momento.

Reprodução/Acervo Iconographia/Reminiscências

8 Mappin Stores

9 *Una pizza con molto alice*

Marcelo Gomes/Acervo do ilustrador

[9] *Una pizza con molto alice*
A presença dos italianos modificou os hábitos alimentares paulistanos. Cresceu o consumo de farinha de trigo, vinho e queijo; pizza, macarrão e sorvete incrementaram o cardápio.

mens já bebiam chope, esperando as atrizes saírem dos teatros. Viu o homem a quem pagara a cachaça. Tornou a perguntar por Gaetano.

— Chegou e voltou correndo para o hotel...

— Que hotel? Que hotel? — perguntou Beppo.

— O Rebechino, no Largo de São Bento.

Beppo voou para lá. Na recepção informaram o quarto. Subiu correndo as escadas. Bateu na porta e disse quem era.

Gaetano abriu e o puxou para dentro. Estava fazendo a mala às pressas.

— Trago o dinheiro e um bilhete da minha irmã. A polícia...

— Eu sei — disse o anarquista. — Me avisaram no bar.

Enquanto o outro lia, Beppo apoiou-se no batente da janela para respirar o ar da noite. A garoa transformara-se em chuva. Gostava de ver o brilho dos paralelepípedos refletindo a luz dos lampiões.

— O que é isso? — perguntou Gaetano, tirando do envelope um pedaço de papel de embrulho com uma lista de quantias escrita a lápis.

— Anotei as despesas que tive para encontrar você — explicou o menino. — Depois pago.

O homem sorriu:

— Não precisa.

Foi então que Beppo viu, do outro lado da praça, fazendo perguntas na portaria do Hotel d'Oeste, o subdelegado Carmo.

Gaetano fechou a mala e desceu as escadas, correndo. Beppo foi atrás dele. Havia um carro de praça em frente ao Hotel Rebechino. O anarquista ia correr para pegá-lo. O menino o segurou pelo braço:

— *Prego, aspetti!* O polícia vai ver!

— *Ma non ha* saída!

— Tenho uma ideia.

Beppo chamou o motorista. Este entrou no hotel e saiu pouco depois, levando a mala para o carro. Em seguida saiu Beppo, acompanhado pelo homem com uniforme de recepcionista. Os dois entraram no Ford Lincoln.

Mas Carmo reconheceu o irmão de Carmela e requisitou um segundo táxi.

Começou a perseguição desenfreada pelas ruas estreitas e escorregadias do centro da cidade.

O táxi de Beppo subiu afinal a Rua Santa Ifigênia. Parou na entrada da

Cheio de iniciativa

A vida é trabalho duro. É bom que o jovem caia na real: vai precisar ter muita disposição.

Um menino paulistano do começo do século XX sabia muito bem disso. Desde criança trabalhava para ajudar no orçamento da família e já pensava em progredir.

Explorado em jornadas de 12 horas por dia nos teares de uma fábrica de tecido, Beppo ainda encontrava tempo para se divertir e admirar seus ídolos, que podiam ser um jogador de futebol, um herói de cinema, ou um revolucionário anarquista, como o namorado da irmã. Sua maturidade era forjada nas ruas, e isso incluía uma boa dose de esperteza.

A cidade de São Paulo é o resultado da luta de milhões de Beppos.

Estação da Luz [10]. O menino e o homem vestido como recepcionista de hotel saltaram do táxi e correram pela estação. Dali partiam os trens para o porto de Santos.

Carmo parou seu táxi pouco depois e foi atrás deles, com a arma fora do coldre.

Alcançou-os na plataforma de embarque.

— Parados ou eu atiro! — ordenou.

— Não faça isso! — gritou o homem. — *Io sono* o recepcionista do hotel!

E quando Carmo se aproximou, viu que era verdade.

O subdelegado deixara um policial de prontidão no Hotel Rebechino.

Quis ligar, para dizer que Gaetano ficara escondido lá, mas Beppo adiantou que o namorado da irmã não estava mais no hotel.

Carmo olhou para ele e entendeu. Dobrou o indicador e mordeu:

— *Porca miseria!* Era o motorista do táxi...

Beppo acenou com a cabeça, confirmando.

— Sabe para onde ele foi, *bambino*?

— Estação Sorocabana, *signore*.

O subdelegado deu de ombros:

— Para o interior... Este já não se alcança mais. O Brasil é muito grande... E você, o que fazia com ele?

— Recado de *mia fratella*. Coisas de mulher.

— Você é calabrês, *figlio*?

— *Sí, dottore*...

— *Io* também. *Andiamo*. Vamos tomar um sorvete. Quantos anos tem?

— Catorze.

— Você está magro como sanduíche de operário... precisa tomar biotônico. Qual foi o escore daquele jogo de manhã?

— 3 a 1. Para nós!

— Viva a Itália! Fez algum gol?

— O segundo. Como o *signore aveva detto*: rasteirinho, na esquerda.

— Já foi ao Parque Antártica?

— No.

— Pois vou levá-lo. Torce para o **Palestra** [11], *no*?

— *Si capisce*!

[10] Estação da Luz

A nova Estação da Luz simbolizava o progresso de São Paulo e despertava admiração em razão da grandiosidade da construção, em estrutura de ferro importada da Inglaterra.

Guilherme Gaensly/Fundação Patrimônio Histórico da Energia de São Paulo, São Paulo, SP

Estação da Luz 10

11 Palestra

Reprodução/ Fundação Patrimônio Histórico da Energia de São Paulo, São Paulo, SP

[11] Palestra

O time de futebol Palestra Itália foi fundado por italianos em 1914. Nos finais de semana, fazia-se piquenique e jogava-se futebol no Parque Antártica. Em 1917, o terreno foi alugado pelo Palestra; três anos depois, comprado. O estádio do Palestra foi inaugurado em 1933. Na época da Segunda Guerra, o nome do time foi mudado para Palmeiras. Outro jogo apreciado pelos italianos era a bocha.

uma cidade quase italiana

Até o século XIX, São Paulo era uma cidade pobre, habitada por pessoas simples. Foi o café que a urbanizou e modernizou. Surgiram ricos fazendeiros, banqueiros e industriais que construíram palacetes nos Campos Elíseos e na Avenida Paulista. Os operários concentraram-se nas áreas centrais e em bairros fabris, vivendo em cortiços e vilas operárias.

Imigrantes italianos e espanhóis, desiludidos com o duro trabalho da lavoura, migraram para a capital do Estado, onde constituíram a maior parte do operariado.

A utilização de mulheres e crianças com salários mais baixos que os dos homens, condições precárias, disciplina rígida, ameaças, multas, dispensas e ausência de leis caracterizavam as relações de trabalho. Sob influência das ideologias trazidas da Europa, os operários organizaram jornais, associações de ajuda mútua, sindicatos e greves, reprimidos pelo governo.

Crianças trabalhavam na indústria para complementar a renda familiar, desempenhando funções de adultos. Não frequentavam escolas. No Cotonifício Crespi, por exemplo, enfrentavam jornadas das 19h às 6h, com apenas meia hora de pausa. Além das atividades nas fábricas, realizavam biscates, vendiam bilhetes de loteria e jornais, eram engraxates.

Mas a vida das crianças não era só trabalho. Brincavam nas ruas pouco movimentadas e jogavam futebol nos campos de várzea, com bolas de meia (as de couro eram caras).

Os italianos procuraram reconstituir os costumes de sua região nos bairros paulistanos: Brás, Bexiga, Barra Funda e Cambuci. Produziam pão, macarrão e pizza, e introduziram o sorvete no país: *survetinho, survetón, survetinho de limón*...

Rua Caetano Pinto, década de 1920

Uma das principais ruas do Brás, a Caetano Pinto abrigava dois grandes cortiços: o Scoppeta e o Quintalão – o maior cortiço do bairro e provavelmente um dos maiores de São Paulo. Repare nos sobrados, com portas e janelas altas, nas carroças, no bonde e nas roupas das pessoas – homens e mulheres não saíam de casa sem chapéu; só os muito pobres andavam sem paletó e com a cabeça descoberta.

Reprodução/Coleção da Paróquia Nossa Senhora de Casaluce, São Paulo, SP

brincadeiras de rua

Em 1930 dava para brincar nas ruas de São Paulo. Amarelinha, pegador, pular corda, barra-manteiga, passa-anel, corrida de sacos e chicote-queimado eram brincadeiras comuns. Os meninos faziam pipas, balões e carrinhos de rodas de carretel de linha. As meninas brincavam de boneca (feitas em casa) e ciranda (com cantigas de roda).

"

Miquelina pôs a mão no coração. Depois fechou os olhos.
Depois perguntou:
— Quem é que vai bater, Iolanda?
— O Biagio mesmo.
— Desgraçado.
O medo fez silêncio.
Prrrrii!
Pan!
— Go-o-o-o-ol! Corinthians!

— Quantos minutos ainda?
Pri-pri-pri!
— Acabou, Nossa Senhora!
Acabou.
[...]
Na Avenida Água Branca os bondes formando cordão esperavam campainhando o zé-pereira.
— Aqui, Miquelina.
Os três espremeram-se no banco onde já havia três. E gente no estribo. E gente na coberta. E gente nas plataformas. E gente do lado da entrevia.
A alegria dos vitoriosos demandou a cidade. Berrando, assobiando e cantando. O mulato com a mão no guindaste é quem puxava a ladainha:
— O Palestra levou na testa!
E o pessoal entoava:
— Ora pro nobis!
Ao lado de Miquelina o gordo de lenço no pescoço desabafou:
— Tudo culpa daquela besta do Rocco!
— Ouviu, não é Miquelina? Você ouviu?
— Não liga pra esses trouxas, Miquelina.
Como não liga?
— O Palestra levou na testa!
Cretinos.
— Ora pro nobis!
Só a tiro.

"

MACHADO, Antônio de Alcântara. "*Corinthians (2) x Palestra (1).*" *In:* —. Contos Reunidos. Brás, Bexiga e Barra Funda. Laranja da China. 1. *ed. São Paulo*, Ática, 2002. p. 45-47.

a ditadura de Getúlio Vargas | século XX

o Brasil nos tempos de Getúlio

Nasha Gil/Acervo da ilustradora

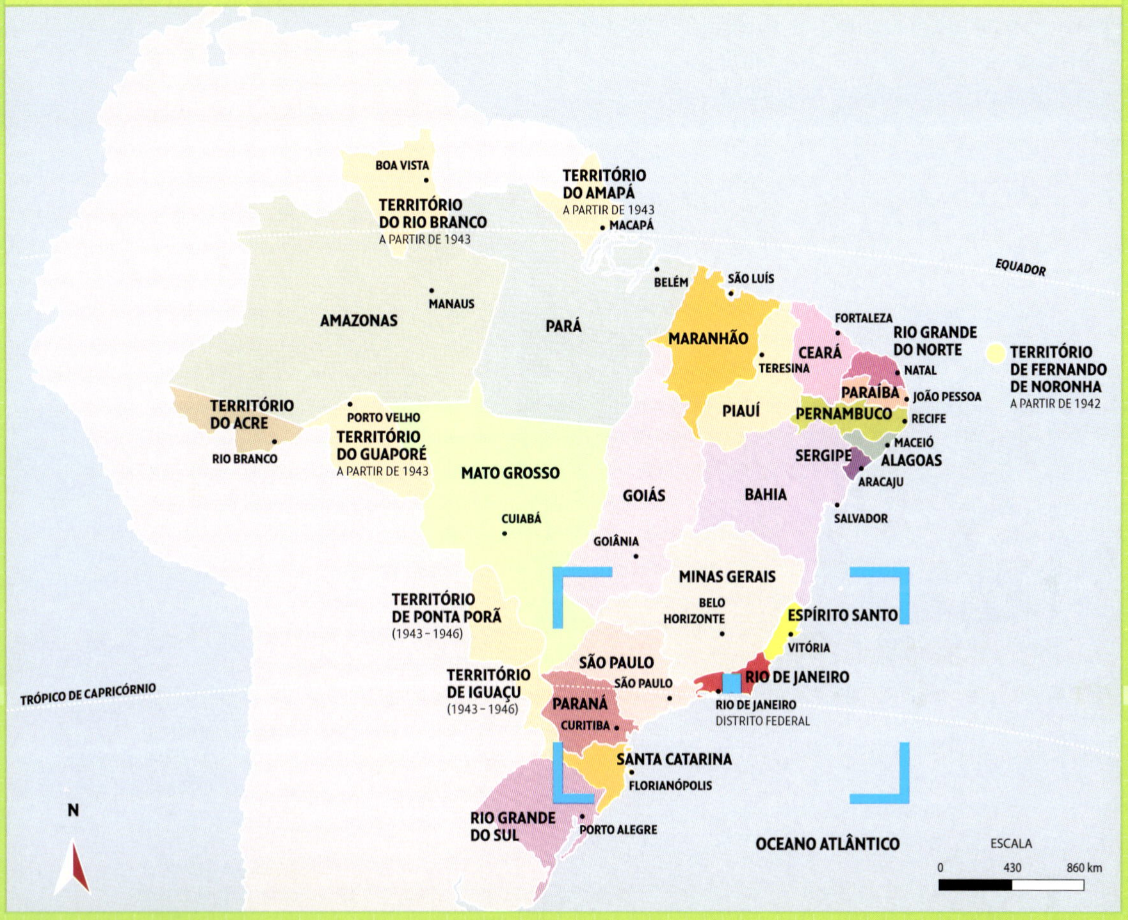

a Cidade Maravilhosa, capital da República

Reprodução/Coleção particular

Reprodução/Coleção particular

joujoux e balangandã

1 **Instituto de Educação**

Ana Carolina Fernandes/Folhapress/Instituto de Educação, Rio de Janeiro, RJ

2 **Hora do Brasil**

[1] Instituto de Educação

O Instituto de Educação do Rio de Janeiro, fundado em 1880, funcionou até 2000. Voltado à formação de professores (Escola Normal), estava instalado desde 1930 num edifício de estilo neocolonial.

[2] *Hora do Brasil*

O rádio foi importante meio de propaganda política, passando uma imagem positiva do governo. A Hora do Brasil, *programa criado por Getúlio Vargas, transmitia discursos do presidente e exaltava a cultura brasileira, fortalecendo a unidade nacional.*

Isaura saiu do **Instituto de Educação** [1] às sete da noite. Quando chegou ao seu apartamento na Rua José Higino, na Tijuca, o encontrou estranhamente quieto.

Havia um vaso quebrado num canto da sala. Os cacos ainda estavam no chão. O retrato de Getúlio, completamente torto na parede. Uma cadeira tombada de lado. As almofadas do sofá espalhadas pelo tapete.

Foi até a cozinha. A empregada ouvia a ***Hora do Brasil*** [2] e lavava panelas.

— O que houve, Leonor? — perguntou a menina.

— Ah, Isaurinha... nem conto. Um fuzuê danado. Teu pai brigou com a dona Aparecida. Quase bateu nela. Nunca vi o doutor daquele jeito. Esconjuro! Credo!

— Mas por quê?

— Tive muito medo que ele fosse matar ela.

— O que aconteceu?

— Fiquei aqui. Só escutei uns pedaços. Parece que teu pai descobriu uns papéis da dona Aparecida... e que alguém viu ela encontrando outro homem.

— Onde eles estão agora?!

— Tua mãe se trancou no quarto. O doutor tá na biblioteca.

Isaura voltou para a sala, muito nervosa. Sem saber o que fazer, colocou as almofadas sobre o sofá, pôs a cadeira de pé, empurrou os cacos do vaso para um canto e endireitou o retrato sorridente de Getúlio, que parecia olhar para ela. O mesmo retrato das contracapas dos livros escolares, do dinheiro, das moedinhas amarelas, dos cartazes espalhados por toda a cidade, das cartilhas de alfabetização, do calendário de 1942 na parede da cozinha...

Decidiu bater na porta do quarto da mãe.

— Entre — disse ela.

Estava sentada na cama, com as costas apoiadas na cabeceira. Apertava uma mão na outra, com os olhos vermelhos de choro.

— Oi, mãe... Fiquei até mais tarde na escola. Tive ensaio de canto orfeônico. O **Villa-Lobos** [3] ficou regendo o coral, gritando com a gente. Odeio aquele homem.

[3] Villa-Lobos
A cultura "genuinamente nacional" foi destacada na Era Vargas. Heitor Villa-Lobos, compositor de música erudita com temas brasileiros, foi professor de canto orfeônico no Instituto de Educação.

— É um **fascista** [4], como todos os outros. Vocês vão desfilar amanhã?

— Vamos. É 7 de Setembro. E depois de amanhã também. Nosso coral vai se apresentar no baile do Clube Ginástico Português.

— Estão loucos! Juntar essas multidões nas ruas... quando acabamos de **entrar na guerra** [5]! Arriscar a vida de meninas e meninos de 13, 14 anos, como você... só para aumentar o prestígio de Getúlio! Cambada de...

A mãe não pôde continuar. Isaura estremeceu ao ouvir a voz grave do pai ribombar às suas costas. Ele já estava dentro do quarto, ainda de terno, a gravata desalinhada, com as mãos nos quadris, ameaçador:

— Não contamine nossa filha com seu pessimismo social! — gritou ele. — Ela deve ter orgulho de desfilar pela pátria!

— Os alemães estão afundando nossos navios! E se lançarem um ataque aéreo? — a mãe não se intimidou.

— A situação está sob controle.

— Controle? Fizeram *blackout* em Copacabana! Não ouviu o *Repórter Esso*? Hoje distribuíram máscaras contra gases lá no trabalho!

— Não vamos precisar usá-las, a não ser contra a fumaça desses **carros a gasogênio** [6]... Getúlio sabe o que faz. Isaura — e ele se voltou para a menina —, o canto orfeônico é um dos símbolos da harmonia social. Os corais de jovens cantando em uníssono enfatizam a união, o conjunto.

— Não vou deixar minha filha se expor desse jeito! — gritou a mãe.

— Ela vai desfilar, sim! Aqui quem manda sou eu! É numa hora grave como a que estamos vivendo que se tornam ainda mais necessárias as demonstrações de adesão coletiva ao regime. Confie em Getúlio, minha filha. Ele é o guardião da nossa soberania.

[4] fascista
O fascismo, um Estado totalitário, monopartidário, nacionalista, intervencionista, militarista e anticomunista, marcou o período entreguerras. Na Itália, foi implantado o fascismo de Benito Mussolini; na Alemanha, o nazismo de Adolf Hitler, e no Brasil surgiu o integralismo de Plínio Salgado, cujo grito de guerra era: "Anauê".

Oswaldo Teixeira/Centro Cultural Arcy Lopes Estrella

4 fascista

5 entrar na guerra

Reprodução/Acervo Iconographia/Reminiscências

[5] entrar na guerra
Apesar da simpatia de Getúlio pelo nazifascismo, o Brasil aderiu aos Aliados na Segunda Guerra, por pressão norte-americana. Os EUA liberaram empréstimo para a construção da Companhia Siderúrgica Nacional (foto) e instalaram bases militares em território brasileiro.

Isaura estava atônita. Nunca vira seus pais gritando um com o outro, a ponto de se agredir a qualquer momento. Lembrou-se do revólver que ele guardava no escritório. Podia estar ali, no bolso do paletó. Um homem traído é capaz de qualquer coisa. Ela sabia disso. Tinha ouvido na novela da Rádio Nacional.

Sua mãe também tremia de medo, mas provocava:

— Soberania? Ele cedeu bases militares aos norte-americanos no Rio Grande do Norte em troca de 20 milhões de dólares.

— Um empréstimo! — gritou o pai. — Para construir a siderúrgica de Volta Redonda! Não coloque a menina contra Getúlio! Um acordo, só isso. Agora fazemos parte dos Aliados.

A mãe sorriu:

— Belo acordo! Teremos de pagar com os juros que quiserem, e ainda nos obrigam a importar equipamentos.

— Você se acha muito sabida, não é?

— Eu estudei. Sou professora de História.

— Devia ser só dona de casa.

— Não sou como essas madames que andam por aí. A mim ninguém engana.

— Não queira saber mais do que eu, dona Aparecida. Estou por dentro. Sou um funcionário federal.

— Um procurador do DASP não está exatamente na cúpula do governo... — ironizou a mulher. — O que não falta no Brasil é funcionário público.

Isaura estava cada vez mais assustada. A mãe parecia muito amedrontada, mas não deixava de irritar o pai. "Onde é que isso vai parar?"

— Minha filha — tornou ele —, a verdade é que Getúlio é um grande estadista, um predestinado, um homem puro e seguro do que faz. As empresas nacionais ainda não podem arriscar grandes investimentos, como construir uma siderúrgica, por isso precisamos de capital externo.

— A nossa aviação está nas mãos do capital alemão...

— Sim, sua mãe tem razão. Mas agora, com a guerra declarada, todas as empresas ligadas ao Eixo serão encampadas.

— Quero ver como Getúlio vai se virar — a mãe sorriu. — Um fascista lutando contra o fascismo.

Pois isso devia provar à senhora que o nosso regime não é fascista!

6 carros a gasogênio

Reprodução/Acervo Iconographia/Reminiscências

[6] carros a gasogênio
Durante a Segunda Guerra (1939 - 1945), as importações de gasolina foram dificultadas. O uso de combustíveis alternativos, como o gás, deu origem à indústria paulista de gasogênio. Na foto, o então ministro da Agricultura Fernando de Sousa Costa inspeciona um carro movido a gasogênio.

É autoritário! É diferente! Veja como perseguimos e prendemos integralistas!

— Contaram com o apoio deles para dar o golpe de 37!

— Mas depois os dispensamos. Não há um só integralista no governo!

— É? Não? E o que é esse chefe de polícia? Esse Filinto Müller? Um nazista! Um torturador! As barbaridades que estão cometendo lá da Rua da Relação! Três mil presos! Centenas de mortos e mutilados! Isso o DIP não deixa passar!

— São subversivos, Isaura. Não escute o que a sua mãe diz. Getúlio precisa se defender. É um grande articulador político!

— Chantagista, é o que ele é! Suborna as pessoas com salários! Distribui as verbas públicas segundo seus interesses! Se um jornal falar mal do governo não consegue mais papel.

— Não se pode admitir que um bando de descontentes desestabilize as massas! É preciso subordinar o indivíduo à **vontade coletiva**[7].

— Coletiva? Vocês formaram uma nova casta. Uma elite corrupta!

— Olhe como fala!

— Fecharam o Congresso! Acabaram com os partidos políticos!

— Eles podem continuar existindo! Como sociedades civis, para fins culturais, beneficentes ou desportivos...

— Queimaram as bandeiras dos Estados!

— Estamos construindo uma nacionalidade!

— Imitando a Itália? Copiando a Constituição da Polônia?

— Getúlio nasceu nos pampas. Tem horizontes largos. É um conhecedor profundo dos homens! Devotado ao serviço da pátria! Senhor de suas ideias! Não titubeia!

— É verdade... quando se trata de empreguismo e favorecimento político! Colocou o próprio genro como interventor aqui no Rio de Janeiro!

7 vontade coletiva

Reprodução/Acervo Iconographia/Reminiscências

[7] vontade coletiva
Em 1937 Vargas implantou a ditadura getulista — o Estado Novo —, marcada por forte centralismo político, censura, nacionalismo e intervencionismo em todos os setores.
A foto mostra Getúlio Vargas em concentração trabalhista em frente ao Ministério da Fazenda no dia em que a Consolidação das Leis do Trabalho (CLT) entrou em vigor.

— O povo é despreparado, Isaurinha. É uma massa ignorante e ingênua. Deve ser conduzido por um Estado forte. A prosperidade da nação é mais importante que uma meia dúzia de ideologias inexpressivas.

— Tratam os indivíduos como peças de engrenagem! Legislam por decreto-lei! Suspenderam as liberdades civis!

— Os partidos políticos e o Parlamento estavam a serviço das oligarquias da Velha República, minha filha. Não havia eleições de verdade, só fraudes. Isso é democracia?

A menina sentiu que a mãe concordava em parte, e que os ânimos pareciam se acalmar, mas logo a mulher voltou a acusar o marido, com o dedo em riste:

— Se vocês eram tão "revolucionários" assim, por que mantiveram o luxo e os privilégios dos tais oligarcas? Por que não mexeram com os latifúndios? Por que continuaram comprando os excedentes de café com dinheiro público? Por que não estenderam aos trabalhadores rurais os direitos trabalhistas?

Desta vez foi o pai que assimilou o golpe e ficou sem ter o que dizer. Isaura se esforçava para compreender o que diziam. Isso parecia importante para evitar que os pais se separassem. Ou se matassem. Mas era tudo muito confuso, e ela esperava o pior a qualquer momento.

— Getúlio é pragmático, filha — tornou o pai. — O café continua a ser nosso mais importante produto de exportação. Temos de fazer acordos...

— Acordos... acordos... Belo "homem forte" está me saindo esse Getúlio...

— Dona Aparecida, exijo respeito ao chefe da nação nesta casa!

— Apesar daquele retrato medonho lá na sala, isto aqui não é uma repartição pública. Não preciso ficar de salamaleques com Getúlio nem com esses pequenos getulinhos que aparecem por aí.

A menina viu o pai apertar os punhos. Se ele avançasse, ela tentaria segurá-lo. Se puxasse um revólver, ficaria na frente. Sua mãe devia ter enlouquecido. Provocando um marido traído desse jeito. Será que ela não sabia o perigo que corria? Será que não ouvia as novelas?

— Você está me chamando de "pequeno getulinho"? — perguntou o pai, com expressão de ódio.

— Se a carapuça entrou...

Isaura tremeu. Ia acontecer uma tragédia. Viu o esforço do pai para se controlar.

— Entrei neste quarto para falar com nossa filha — ele lembrou. — Quero que ela saiba a importância das comemorações da **Semana da Raça e da Pátria**[8].

8 Semana da Raça e da Pátria

[8] Semana da Raça e da Pátria
As comemorações de feriados nacionais, como o 1º de Maio e o 7 de Setembro, tornaram-se grandes espetáculos que exaltavam Getúlio e os valores nacionais. Estudantes, militares e operários desfilavam, carregando cartazes e retratos do presidente.

Precisamos construir um novo homem, forte, vigoroso! Por isso são importantes as solenidades de massa. O canto orfeônico. A educação física. O Brasil não pode ir para a frente com um povo mestiço, indolente, preguiçoso!

— Hitler é baixinho e meio castrado. Mussolini é gordo e careca. Belos exemplos!

— Você fala demais, dona Aparecida!

O pai avançou dois passos e gritou:

— Do que está reclamando? Quem fez mais pelo povo? Quem fez as leis **trabalhistas**[9] que estipulam a jornada de oito horas? O salário mínimo? O repouso semanal remunerado? O direito a férias e indenizações?

A mãe pulou da cama, com as mãos nas cadeiras, e também gritou:

— E quem proibiu as greves e qualquer outra manifestação contra o governo? Quem colocou na ilegalidade todos os representantes espontâneos do povo? O que vocês querem é neutralizar a luta de classes com o assistencialismo. Controlam até o Carnaval!

— O regime não pode consentir que se cantem sambas-enredos que exaltam a vadiagem. Ao contrário, é preciso convencer os sambistas a compor músicas patrióticas, ufanistas, que incentivem o trabalho!

— "Convencer" com subvenções às escolas de samba que obedecerem.

— Não vejo o povo reclamar...

— Não podem! É diferente. Mas acredite, nem todos gostam de perder a liberdade.

— Estamos num momento de união nacional pelo "esforço de guerra"! As reivindicações de classe são secundárias!

— Esforço de guerra? Getúlio vem usando isso para atropelar todos os direitos do povo! Pede sacrifício às massas enquanto a elite se esbalda nos bailes promovidos pela primeira-dama com o dinheiro público.

— Você bem que gosta de dançar rumba no Cassino da Urca.

— Posa de "pai dos pobres"! Concede migalhas trabalhistas para enfraquecer os movimentos populares!

— O Estado deve pairar acima dos conflitos de classe. Diabo... se fosse hoje não tinha te deixado estudar!

— Ninguém manda em mim!

De repente o pai chutou a cadeira em que penduravam as roupas. Ela voou até a parede e desconjuntou-se. A menina ficou gelada e preparou-se para

[9] leis trabalhistas
Por meio da legislação trabalhista (CLT), Vargas atraiu o apoio do operariado, controlou sindicatos e criou condições para o desenvolvimento industrial, dando ao Estado o papel de árbitro nas questões sociais. Tornou-se o "pai dos pobres".
Aqui ele aparece assinando a lei do salário mínimo, em 1940.

9 leis trabalhistas

Reprodução/Acervo Iconographia/Reminiscências

agarrar-lhe as pernas. Mas ele apenas apontou o dedo para o rosto da mulher:

— Não basta o que descobri hoje? Não me provoque. Não quero brigar na frente da menina.

Isaura tremia muito e se assustou quando a mãe afirmou:

— Não me envergonho do que fiz.

Houve um silêncio pesado depois disso.

O pai recuou, deu meia-volta, quis sair do quarto, mas voltou da porta. Estava transtornado:

— Aparecida... O que eu fiz para chegarmos a isso?

Falou sem raiva. Estava realmente comovido e abalado. A mãe não esperava. Tornou a sentar-se na cama e chorou.

O pai virou-se contra a parede e também soluçou.

Isaura nunca vira o pai chorar. Nem sabia que isso era possível.

— Você não compreende... — disse a mãe, entre soluços. — Ele precisava de apoio... Ele...

— No fundo eu já desconfiava — disse o pai para a parede. — Depois que encontrei aqueles papéis...

— Eu não te dei o direito de mexer nas minhas coisas...

— Mas precisei ficar sabendo dos teus encontros com ele!

— Assumo o que fiz. Não me arrependo.

— Como pude ser tão burro?

Os dois falavam muito devagar, arrastando as palavras, metendo silêncios pesados no meio da conversa. Isaura morria de aflição. Não imaginava seus pais separados. Não ia mais poder nem ir à aula. O que as amigas iam dizer? E continuava esperando que a qualquer momento seu pai explodisse, pegasse o revólver, como no rádio...

— O que você vai fazer... agora que sabe de tudo? — perguntou a mãe, com voz doce.

Para onde foi a realidade?

Pensando bem, parece que desde que inventaram os meios de comunicação de massa, como os jornais, o rádio e finalmente a televisão, ficou muito difícil definir o que é real.

Não se pode dizer se isso é bom ou ruim, mas a verdade é que as pessoas passaram a agir de maneira muito estranha, como se o que se pensa e diz não precisasse ter nada a ver com o que se faz.

Isaura via a vida como cenas de novela, enquanto seus pais podiam viver perfeitamente juntos, gostando um do outro, apesar de terem pensamentos políticos radicalmente opostos. Tudo seria resolvido no próximo governo. Na próxima novidade em política. Ou no capítulo seguinte. Será que o amor é mesmo cego, surdo e mudo?

O pai não respondeu. Foi até a cama, com a cabeça baixa, e sentou-se na beirada:

— O que você acha que um marido faz numa hora dessas? — ele disse, com os olhos vermelhos, e colocou a mão direita no bolso do paletó.

Isaura não aguentou mais. Pulou sobre o pai; abraçou-o, gritando, desesperada:

— **Não a mate!** [10] Não a mate! Fuja, mamãe! Corra! Ele vai atirar! Não, papai! Não!

Sentiu que a mãe a puxava pelos ombros:

— Que é isso, minha filha? Ficou maluca?

— O que deu nela? — disse o pai, tirando o lenço do bolso para enxugar os olhos.

A menina continuava a gritar e a se debater nos braços da mãe:

— Corra, mãe! Ele sabe que a senhora traiu ele! Vai matar a senhora!

O pai riu:

— Caramba! Calma, Isaurinha.

— Eu traí seu pai, sim, mas ele vai acabar compreendendo.

— Não sei não... — o marido balançou a cabeça.

— Você sabe que antes de casar já pensávamos diferente sobre essas coisas, querido.

— Eu tinha esperança de que pudesse te mostrar o lado certo...

— Vivemos num tempo confuso — disse a mãe. — Comunistas e getulistas se juntam contra integralistas, depois voltam a se pegar...

— Comunistas fazem alianças com os "democratas" da República Velha contra nós, getulistas...

Os dois sorriram e deram-se as mãos. Isaura não estava entendendo.

— Nunca te escondi nada. Nunca menti. Até há pouco tempo... — a mãe disse.

10 Não a mate!

[10] Não a mate!
Em 1917, entrou em vigor o primeiro conjunto de leis que estabelecia normas sobre a vida privada dos brasileiros. Muito conservador, o código colocava a mulher em uma posição inferior de diversas formas: exigia que fosse monogâmica, previa a anulação do casamento se comprovada a sua não virgindade e permitia que pais deserdassem filhas com comportamentos desonestos.

11 Stálin

Reprodução/Hulton Archive/Getty Images

[11] Stálin
Após a Revolução Russa (1917) foi implantado o primeiro Estado socialista da história, sob influência das ideias de Marx e Engels. Na ditadura de Stálin (1928-1953), a economia se desenvolveu, e o modelo socialista soviético se expandiu.

Continuaram de mãos dadas, mas abaixaram a cabeça.

O silêncio foi longo e pesado.

— Espero que você pare com o que está fazendo — disse afinal o pai.

E completou, solene:

— Em nome da nossa família, pare de encontrar esse homem.

Ficaram se olhando.

Ninguém falava.

Isaura não aguentou:

— Mas o que foi que aconteceu?

— Ela me traiu — disse ele, soltando com raiva a mão da mãe.

A menina gelou. Sentiu que ia desmaiar. Só conseguiu pedir:

— Por favor, pai... Não mate a mamãe...

O pai passou as duas mãos no cabelo e suspirou:

— Sua mãe me traiu, Isaura. Não é fácil um getulista encontrar panfletos com a biografia de **Stálin** [11] nas gavetas de sua própria esposa e descobrir que ela está visitando um subversivo na cadeia.

— Ele é professor de História, como eu, querido... Está preso só porque não compartilha do otimismo do regime e fala algumas verdades que o DIP não permite.

— Mas... a traição? — quis entender a menina.

— É isso, minha filha — disse o pai. — Mais cedo ou mais tarde você ia ficar sabendo. Sua mãe me traiu. Ela virou comunista!

Os dois se deram as mãos novamente. A mãe pediu, então, com voz meiga:

— Você vai aceitar, amor?

— Não sei. É muito perigoso.

— Não vou ser militante. Só simpatizante. Prometo. E vamos apoiar Getúlio na luta contra o **nazifascismo** [12]. Você vai ver.

— Vamos conversar sobre o assunto...

Dona Aparecida abraçou o marido e sussurrou:

— Faça um "esforço de guerra"...

Ele a beijou:

— Minha **joujoux*** [13]...

— Meu **balangandã** [13]...

12 nazifascismo

[12] nazifascismo
Após a Primeira Guerra Mundial, a Europa entrou em crise. A contínua proletarização da classe média, o crescimento das esquerdas e o revanchismo nacionalista fortaleceram o totalitarismo nazifascista. Esse regime de extrema direita apoiava-se na existência de apenas um partido, no culto ao líder, no militarismo, no expansionismo e na manipulação ideológica.

13 joujoux e balangandã

[13] joujoux e balangandã
O espetáculo de teatro de revista mais importante da época foi Joujoux e Balangandã, *montado em 1941 por iniciativa da primeira-dama Darcy Vargas. Esta forma abrasileirada do musical norte-americano estava em sintonia com a política externa, pró-americana, do presidente. O refrão da música-título, de Ari Barroso e Lamartine Babo, virou expressão popular de demonstração de carinho.*

* *Lê-se "juju"*

“seu Gegê” controlava tudo

Getúlio Vargas governou o Brasil de 1930 a 1945, num período de conflito ideológico entre liberalismo, comunismo e fascismo. Durante a ditadura varguista, chamada de Estado Novo, houve forte centralismo político, proibição de partidos políticos, intervencionismo do Estado em todos os setores, perseguições e censura aos meios de comunicação feita pelo DIP (Departamento de Imprensa e Propaganda, inspirado em modelo fascista).

O rádio foi utilizado para a propaganda política. Em 1934, criou-se a *Hora do Brasil*, que todas as emissoras eram obrigadas a transmitir, com discursos do presidente e músicas “genuinamente nacionais”. *Aquarela do Brasil*, de Ari Barroso, tornou-se “hino” do Estado Novo. Para alguns, o programa passou a ser conhecido como *Hora da desliga* ou *O fala sozinho*.

Milhares de trabalhadores, torcedores de futebol e estudantes, reunidos espontaneamente e por Getúlio (conhecido como “seu Gegê”), reforçavam a imagem do “pai dos pobres”. A popularidade do presidente podia ser verificada nessas concentrações.

A industrialização da Era Vargas não favoreceu apenas donos de fábricas, comerciantes e operários; trouxe também mais oportunidades para a classe média urbana. Além disso, a ampliação do poder exigia mais funcionários para todas as repartições oficiais. O funcionalismo público se tornou tão importante que o Estado Novo criou o DASP (Departamento Administrativo do Serviço Público).

A partir de 1930, a leitura e a escrita passaram a ter mais valor, sendo úteis numa sociedade que se modernizava. Nas escolas, separavam-se os sexos, tendo em vista “a natureza da personalidade feminina e a missão da mulher no lar”.

Dava-se muita atenção à formação de professores. Associada às características femininas (paciência, afetividade, doação), a profissão era uma oportunidade de trabalho para as mulheres.

a Era Vargas

Getúlio Vargas começava seus discursos com a frase “trabalhadores do Brasil”. A imagem do presidente estava em todos os locais, em estátuas, retratos, cartazes...

Reprodução/Acervo Iconographia/Reminiscências

Reprodução/Acervo Iconographia/Reminiscências

Reprodução/Acervo Iconographia/Reminiscências

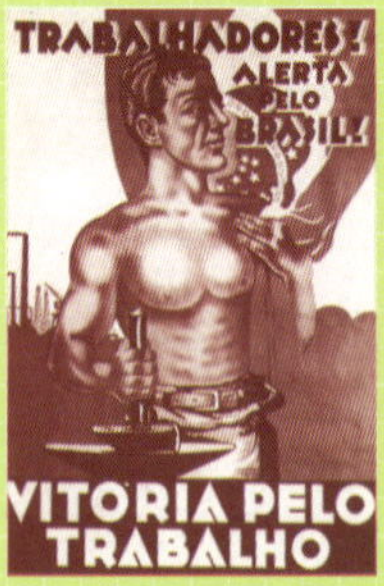

Cartazes produzidos pelo DIP exaltavam o nacionalismo, a figura do trabalhador e a importância do trabalho. O terceiro mostra a posição do Brasil na II Guerra: ao lado dos Aliados, contra o Eixo.

Jean Solari/Arquivo da editora

Jean Solari/Arquivo da editora

Jean Solari/Arquivo da editora

“Quando em 1937 Getúlio Vargas instituiu o Estado Novo e o famigerado DIP começou a exercer rigorosa censura sobre a imprensa e as estações de rádio, fui notificado de que dali por diante o Amigo Velho teria de submeter previamente suas estórias ao Departamento de Censura, antes de contá-las aos seus pequenos ouvintes. (Como as ditaduras temem as palavras!) Decidi terminar a hora infantil, o que fiz com um discurso de despedida e ao mesmo tempo de protesto contra a situação. Isso me valeu uma nova interpelação por parte da Polícia. ‘Quero que me fales com toda a franqueza’ — disse-me naquele dia um funcionário do DOPS com quem eu tinha relações pessoais. — ‘És ou não comunista?’ Nem sequer me dei o trabalho de lhe responder. Voltei-lhe as costas, ganhei a rua e desci a escadaria do viaduto, assobiando o andantino do misterioso quarteto do disco mutilado.”

VERISSIMO, Erico. Solo de clarineta: memórias. *16. ed. Porto Alegre, Globo, 1982. v. I, p. 262-263.*

Jean Solari/Arquivo da editora

Jean Solari/Arquivo da editora

Jean Solari/Arquivo da editora

Jean Solari/Arquivo da editora

O radioteatro começou na Rádio Nacional logo após sua fundação, em 1936, com a transmissão de diálogos humorísticos ou não, intercalando números musicais e depois a irradiação de peças completas. Em 1941, estreou a novela em capítulos: logo foram surgindo autores brasileiros, e a Nacional passou a transmitir catorze novelas por dia.

os anos JK

século XX

o Brasil na década de 1960

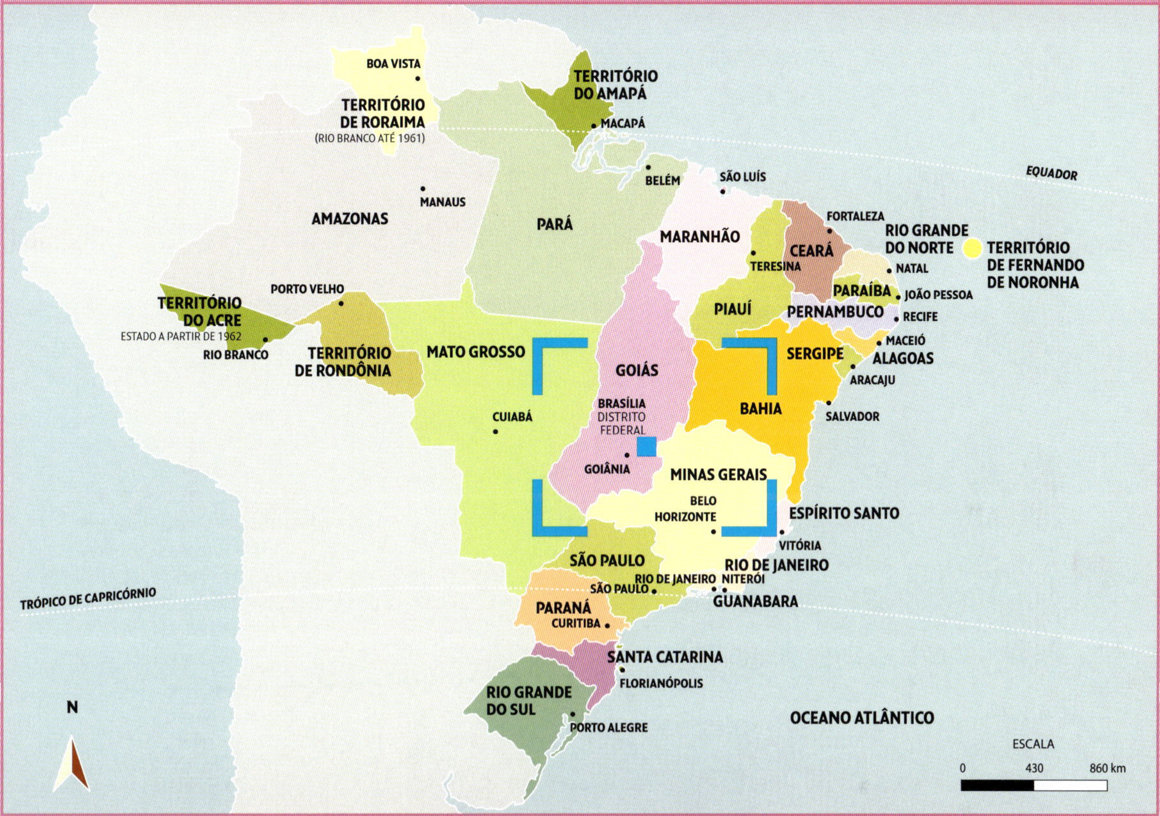

Nasha Gil/Acervo da ilustradora

JK no lançamento da pedra fundamental do Palácio do Itamarati, em Brasília

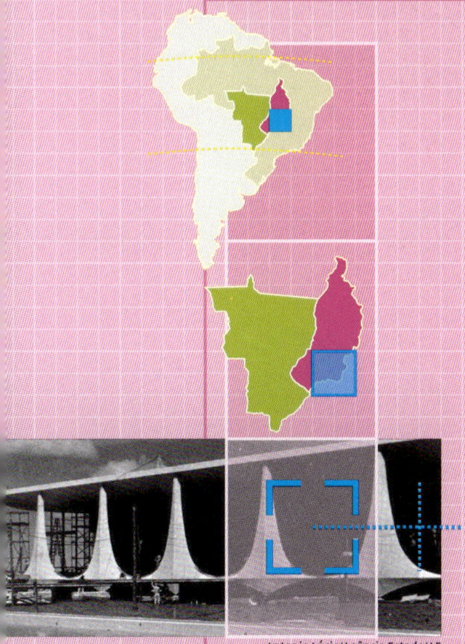

Antonio Lúcio/Agência Estado/AE

Reprodução/Acervo Última Hora/Folhapress

o rebelde e a causa

[3] cidade-satélite

Brasília representava o ideal da cidade moderna, onde direitos e deveres seriam iguais para todos — mas não havia lugar para abrigar os operários que a construíram. Eles não voltaram para suas cidades de origem, e criaram as cidades-satélites, hoje associadas à miséria e à violência, nos arredores da capital. As mansões do Lago Sul também não constavam do projeto. A igualdade almejada não passou de utopia.

cidade-satélite 3

mulher independente 1

Reprodução/Acervo do Estado de São Paulo, São Paulo, SP

[1] mulher independente

Embora de forma mais lenta, as mudanças também chegaram para as mulheres na década de 1960. O uso da pílula anticoncepcional, o trabalho fora de casa e o desquite revolucionaram os costumes, apesar de serem motivo de constrangimento.

Reprodução/Acervo Iconographia/Reminiscências

2 transviado

[2] transviado

A "juventude transviada" não imitava mais os pais na maneira de vestir, falar e se comportar. Abriu-se um abismo entre gerações. Na década de 1960 os adolescentes se sentiam mais adultos do que se imaginava, inspirados pelo modo de vida difundido pelo cinema americano.

Quando o pai foi buscar o filho na rodoviária naquele fim de tarde abafado de agosto de 1960, apesar de já alertado por carta pela mãe do menino, levou um susto.

Ele não via o filho havia dois anos, desde que aceitara o emprego de engenheiro na construção de Brasília. O rapaz, agora com 14 anos, desceu do lotação mastigando uma goma de mascar, com o cabelo curto nas têmporas e um enorme e brilhante topete no alto da cabeça. Os óculos Ray-Ban de lentes verde-escuras tapavam-lhe quase metade do rosto. Usava jaqueta de couro, com uma camisa colorida por baixo e calça *jeans* muito surrada.

— Como vai? — cumprimentou o pai. — Fez boa viagem? Não foi bom ter vindo por terra? De avião não tem graça. É importante ver como Juscelino está abrindo estradas... Cansado?

Entraram no Fusca Sedan 1200, recém-comprado para impressionar o filho, e partiram para a Superquadra Sul 114.

— Isto é que é carro — elogiou o pai, dando tapinhas no volante. — É econômico, e muito resistente. Tem uma chapa de aço protegendo o chassi e...

— O marido da minha mãe tem um Aero-Willys. É maior e corre mais.

O pai apertou o volante como se fosse o pescoço da ex-esposa. Ela se casara de novo. Não aceitara trocar o Rio de Janeiro pelos confins do planalto Central.

"É uma **mulher independente** [1], ganha seu dinheiro. É moderna. Que se dane. Agora quem mora na capital do país sou eu."

Ficaram calados até chegarem ao apartamento.

O menino parou no meio da sala e perguntou:

— Não tem tevê?

— Ainda estão montando a estação retransmissora... Mas veja que beleza de eletrola. É de alta-fidelidade!

Durante o jantar o pai tentou conversar, mas o filho só respondia com monossílabos. Desistiu. Foi para o quarto, esticou-se na cama e ficou ouvindo os discos que o menino havia trazido, e que balançavam as paredes da sala. *Rock around the clock. Tutti Frutti. Elvis. Little Richard...*

"Meu Deus... Ele é um **transviado** [2]!"

O dia seguinte era sábado. O pai planejara passear com o filho pelo Plano-Piloto, porém na quinta a empregada torcera o pé, e ele prometeu levá-la para casa de carro. Ela morava no Gama, uma **cidade-satélite** [3] a 35 quilômetros de Brasília.

"Também é um passeio", conformou-se.

Partiram depois do almoço. O menino foi contrariado. Ficara com horror de estrada.

Saíram da Asa Sul e dobraram à esquerda na Avenida Monumental, em direção ao Setor de Imprensa.

O silêncio dentro do Fusca era pesado. O pai resolveu falar sobre a cidade, da qual se orgulhava.

— Lá — começou, apontando para trás com o polegar —, estão os palácios da Justiça, do Congresso, do Itamarati e da Alvorada. Amanhã te levo para visitar.

Depois largou o volante e abriu as mãos espalmadas para cima:

— Quem acredita que tudo isso foi feito em pouco mais de três anos? Só mesmo Juscelino... que homem! Você sabia que já falavam em transferir a capital do Brasil para o interior desde a Constituição de 1891? Que tal? Agora está aí... Veja... Essas avenidas largas... Repare nos trevos... Aqui não há cruzamentos nem sinais de trânsito. Não é um chuá?

O filho se limitou a subir o vidro para evitar a poeira.

"Talvez, se não fossem esses chicletes, ele falasse mais."

Antes da estação rodoferroviária dobraram à esquerda, seguindo a placa para o Rio de Janeiro.

— Foi uma pena você não ter vindo em abril, na inauguração — o pai continuou o monólogo. — Celebraram uma missa campal em frente ao Palácio da Justiça, na Praça dos Três Poderes. Trouxeram de Portugal a cruz da primeira missa do Brasil. Juscelino discursou para milhares de pessoas. Muito bacana.

O menino puxou de dentro do casaco de couro uma revista em quadrinhos do Superman, em terceira dimensão, e colocou os óculos de papelão com lentes de celofane.

"Vou continuar falando. Ele não vai conseguir ler."

— Quando cheguei aqui ainda havia a vila antiga, construída em 1720. Foram chegando operários de todos os cantos. Mais de três mil homens. Trabalhando dia e noite. Tivemos de deslocar 45 000 m³ de terra! Sabe o que é isso? Juscelino aparecia toda semana. O helicóptero dele levantava uma poeira danada! O lugar era infestado de cobras. À noite, eu não saía do alojamento com medo de onça.

"Um dia esse moleque vai ter orgulho do pai."

— Fui um dos primeiros engenheiros contratados pela Novacap. Hoje sou amigo do Israel Pinheiro. Outro dia jantei na casa dele. Juscelino já me deu um abraço apertado, lá no **Catetinho** [4], o "palácio de tábuas", como o presidente chama...

Passaram pelos desvios para Cuiabá e São Paulo.

— Juscelino mandou rasgar um cruzeiro de estradas, dos quatro pontos cardeais ao centro de Brasília. São 13 mil quilômetros! Esse Nonô é bárbaro!

4 **Catetinho**

Reprodução/Acervo Iconographia/Reminiscências

[4] Catetinho
O Palácio do Catete, no Rio de Janeiro, era a sede do executivo federal — a presidência da República. A foto mostra o escritório improvisado, batizado de "Catetinho", onde Juscelino ficava quando visitava as obras da nova capital.

Afinal entraram à direita, para Gama. A estrada era de barro vermelho, seco, esburacado. O Fusca sacudia. O menino fechou o gibi e trocou os óculos de papelão pelos Ray-Ban. Lá fora, lotações e caminhões desconjuntados levantavam poeira.

O pai parou de falar. Estava pensando num artigo que havia lido na revista *A Cigarra*, justamente sobre a "juventude transviada". O jornalista dizia que, por trás da rebeldia de um filho problemático, irreverente, largado, incapaz de se comunicar com os pais, havia sempre uma causa. Uma causa mais profunda que todas as outras.

A mãe o prevenira por carta. Não quis acreditar quando leu que o filho havia mudado muito nos dois últimos anos. Que andava de lambreta, apedrejara um botequim com os amigos, fora expulso de um *drive-in* por baderna, tomava *cuba-libre* e frequentava antros de *rock*. Achou que ela exagerava, como forma de o deixar ainda mais culpado por ter vindo para Brasília.

Mas agora, com o menino ali a seu lado, não tinha dúvidas. O garoto preenchia todos os "requisitos para a família saber se seu filho é um transviado", segundo a lista que a revista fornecia no final da matéria.

O pai decidiu não descansar enquanto não encontrasse a causa daquela rebeldia.

A empregada saiu do carro em frente a um barraco de madeira, numa pequena viela de barro. Havia centenas de casas exatamente iguais. Um enxame de bicicletas circulava de um lado para o outro. Caminhonetes caindo aos pedaços despejavam e recolhiam operários.

O pai comprou num armazém uma garrafa de água mineral Prata e uma Crush e voltou para a estrada.

Ele estava com raiva. Reduziu a marcha do Fusca com força demais para ultrapassar uma Kombi e ouviu um barulho de ferro raspando em ferro. Quando acelerou para passar a quarta, sentiu a alavanca do câmbio bamba. Tentou engatar uma segunda. Nada. Parou no acostamento, não conseguiu achar o ponto morto, e o carro morreu.

O filho abriu a janela, cuspiu o chiclete velho na terra quente do cerrado e cruzou os braços.

A Kombi já ia longe. Olhou pelo espelho retrovisor. A estrada estava deserta.

Sacudiu a alavanca de câmbio para todos os lados, como se tivesse agarrado uma cobra pelo pescoço.

Saiu do carro, chutou o pneu traseiro e sentou no para-choque. O que mais o irritou foi o pequeno sorriso que viu no rosto do filho.

"Se o moleque voltar a falar no Aero-Willys do padrasto dou-lhe uma surra como meu pai me dava. Acabo com a rebeldia, com causa e tudo!"

Ficou resmungando consigo mesmo por meia hora. Não passou ninguém.

"Tomou todo o resto da água, sem perguntar se eu queria. Diabo! Agosto é mesmo o mês do desgosto."

Então viu um homem se aproximar, de bicicleta, indo na direção de Brasília. Vestia um macacão ensebado, era magro, com bigode aparado, e um chapéu de palha enorme o protegia do sol.

— Problemas com o carro? —perguntou ele.

— O câmbio.

— Posso ver? Sou mecânico.

O pai se animou.

O homem sacudiu a alavanca e balançou a cabeça:

— Quebrado mesmo.

— Dá pra fazer alguma coisa?

— Tem de levar pra minha oficina, no Núcleo Bandeirante.

— Mas não dá pra rodar assim.

— A gente dá um jeitinho.

O menino passou para o banco de trás. O mecânico amarrou a bicicleta no para-choque. Depois empurrou o carro com o motor ligado para que ele pegasse de segunda, pulou para o banco ao lado do motorista e foram assim, sem mudar de marcha.

— Como é o seu nome? — perguntou o pai.

— Gregório.

— Eu sou Haroldo Sampaio. Este é meu filho, Sérgio. Ele é do Rio de Janeiro. Eu também.

— Eu sou de Recife.

— Tem gente de todas as partes do Brasil por aqui.

— Vim fugido da seca de 58 — disse Gregório.

— Trabalhou nas obras?

— Não. Era lavrador, mas a situação ficou feia. Aprendi a consertar carro.

— É uma profissão do futuro. Com tantas empresas automobilísticas se instalando por aqui. Tantas **estradas** [5]...

— Preferia ter continuado na lavoura.

— Que é isso, Gregório? O Brasil que vai pra frente, o moderno, o dinâmico, é o industrial. O campo é atrasado, estagnado.

— E tá ficando cada vez pior, doutor, porque Juscelino não dá nenhuma atenção a ele. Quero ver o povo comer peça de carro.

— Pois o grande mal deste país é essa mentalidade agrária, se me desculpa. Como diz o presidente: "A industrialização é a chave da emancipação do Brasil e do bem-estar do povo".

— Se o doutor morasse numa dessas cidades-satélites e comesse poeira dia e noite...

— Os benefícios da prosperidade vão chegar a todos.

[5] estradas
Desde a década de 1950, o Brasil vivia um acelerado crescimento urbano e industrial. A indústria automobilística foi privilegiada, e a rede rodoviária, ampliada. Os "anos JK" foram um período de otimismo e euforia nunca vistos, sintetizados no slogan "50 anos em 5". A agricultura, porém, ficou em segundo plano.

Reprodução/Bloch Editores

5 estradas

6 candango

[6] candango
No início, todos os que participaram da construção de Brasília — vindos de vários estados — eram chamados de candangos. Depois, a palavra passou a designar os operários, na maioria de origem nordestina.

— Estamos esperando...

— Somos "soldados do desenvolvimento". Lembra do discurso do Nonô? "O Brasil é uma nação que nasceu para ser poderosa. Nada deterá a nossa marcha!"

— É. Mas a sua quebrou.

Haroldo ouviu a risada do filho, atrás, e ficou furioso.

"Não posso deixar um **candango** [6] tirar farinha comigo. Vou mostrar a ele com quantos paus se faz uma canoa!"

— Nem todos têm a capacidade e a visão de Juscelino para entender o alcance de suas medidas — atacou. — Ele sabe que o Brasil precisa se integrar ao sistema capitalista internacional para recuperar o tempo perdido. E pode acreditar, está no final do mandato, e vai cumprir o que prometeu: "Cinquenta anos em cinco!"

— É, mas vamos levar cinquenta anos para pagar o que ele gastou nesses cinco.

O pai viu o sorriso do filho pelo retrovisor.

Haroldo queria jogar o mecânico para fora do carro. Mas não podia. A noite ia cair, e se ficasse parado naquela estrada deserta...

— Gregório... Como é que você pode criticar um homem que construiu hidrelétricas, milhares de quilômetros de estradas, Brasília...

— É esperto. Levou o governo pra longe do povo.

— Não diga isso. Ele faz tudo pelos brasileiros. É um **nacionalista** [7] como nunca tivemos.

— É verdade. Nunca se viu um nacionalista facilitar tanto a vida dos estrangeiros aqui dentro...

— Se eles vêm abrir suas empresas aqui é porque acreditam no Brasil.

— Vêm é atrás de mão de obra barata. E das facilidades de mandar os lucros de volta. O doutor vai me desculpar, mas eu escuto rádio. O Juscelino tá se complicando. Quem segurou ele no poder até hoje foi o marechal Lott, mas com essa inflação... E o homem não para de pedir dinheiro emprestado. Até o Lott tá contra. Sem falar no FMI, a Aeronáutica...

— Já sei. Você é lacerdista.

— Deus me livre! **Lacerda** [8] é outro safado. Muda tanto de lado que nem ele mesmo é lacerdista.

O menino riu. Haroldo fez uma força muito grande para se controlar.

[7] nacionalista

O "nacionalismo desenvolvimentista" de JK baseou-se na expansão da indústria de bens de produção e de consumo duráveis, com elevado investimento estrangeiro. A entrada de multinacionais, como as do setor automobilístico, foi favorecida. O Interlagos (Willys) foi apresentado no II Salão do Automóvel, em 1961.

Reprodução/Fundação Arquivo Nacional, Rio de Janeiro, RJ

[8] Lacerda

Jornalista e político carioca, governador do recém-fundado Estado da Guanabara à época de Juscelino, Carlos Lacerda foi orador brilhante mas oportunista, mudando suas convicções conforme as circunstâncias. Foi comunista (e expulso do partido em 1939), aliou-se ao imperialismo americano, fez oposição a Juscelino, campanha a favor de Jânio Quadros, e depois contra, apoiou o golpe militar de 1964 e mais tarde foi cassado pelos mesmos militares.

Calou-se, procurando uma frase definitiva para arrasar com o mecânico. Pensou em Juscelino e em como ele era esperto, sempre afável, cordial, desarmando os inimigos com um sorriso.

— Gregório, você tem razão — disse afinal, dando um tapinha na perna do mecânico. — Trinta por cento é uma inflação danada. As multinacionais estão mesmo se esbaldando, cheias de privilégios... Fizemos bastantes dívidas, e Nonô enfrenta várias crises neste final de mandato. Mas as crises são próprias do crescimento.

Olhou para o retrovisor. O filho voltara a ler gibi e mascar chiclete.

— A oposição tá crescendo, doutor — disse Gregório. — Outubro vem aí.

Haroldo achou melhor não dizer mais nada.

Saíram novamente do asfalto, à esquerda, e chegaram à oficina de Gregório por uma estrada também esburacada e poeirenta. Um barracão de madeira com a carcaça de um caminhão no terreiro em frente, uma Rural Willys sobre dois cavaletes de madeira e as paredes de dentro cobertas de fotos de mulheres de biquíni, arrancadas das páginas de **Manchete e O Cruzeiro** [9].

Só então o mecânico informou:

— Vai precisar de uma caixa de marcha nova. Tem que vir de São Paulo. Demora uma semana. No mínimo.

Pai e filho tiveram que esperar quatro horas pelo lotação, o último, que os deixou na rodoviária de Brasília. Aí descobriram que àquela hora não havia mais condução para a Asa Sul.

Foram a pé.

Os dois já não se falavam desde o Núcleo Bandeirante.

Andaram mais duas horas pelos descampados da Avenida Monumental, comendo poeira, com o ar seco rachando os lábios e tornando a respiração pesada.

O menino chutava tudo o que encontrava. Latas, pedras, caixas de fósforos.

“Pode ser raiva. Ou então imita o Pelé. Vou tentar conversar sobre futebol com ele amanhã.”

Mundo acelerado

Após a Segunda Guerra Mundial novas tecnologias invadiram o dia a dia das pessoas, modificando comportamentos, encurtando distâncias, democratizando informações...

Do liquidificador ao automóvel, tudo parecia contribuir para a sensação de que o tempo se acelerava. Pílula anticoncepcional, rock, lambretas... Talvez pela primeira vez na história, surgia uma geração radicalmente diferente da anterior. Para o bem e para o mal, os conflitos entre pais e filhos pareciam acompanhar a velocidade e a intensidade dos novos tempos.

O Brasil acompanhou as mudanças. Desenvolveu-se uma crença absoluta na felicidade que o novo estilo de vida traria.

Se Haroldo compartilhava essa crença, e ajudava a torná-la real, por que estranhar a conduta do filho? Por que não se adaptava a esses “novos tempos”? Será que as pessoas daí em diante também se tornariam obsoletas, como as máquinas?

A certa altura, sentaram-se sobre umas manilhas de concreto para descansar. O céu do planalto estava limpo e estrelado.

— Viu? Uma estrela cadente! — apontou o pai. — Faça um pedido.

— Não. É um satélite artificial.

Continuaram andando.

— Esta cidade iluminada... não é uma maravilha? — comentou Haroldo.

— Não tem cinema. Nem tevê. Nem supermercado. Nem escada rolante.

O pai calou-se novamente. Remoía-se por dentro. "Qual a causa de tanta rebeldia? A separação dos pais? A falta de perspectiva pela iminência de uma **guerra nuclear** [10]?"

E o menino completou:

— Sabe o que mais? O filho da mãe do arquiteto que projetou essa porcaria nunca andou a pé.

No meio da madrugada, na cama, olhando para o teto, sem conseguir dormir, o pai ouvia o *rock* que vinha da sala, ainda tentando descobrir a causa.

Em certos momentos procurava se animar, pensando no futuro, e ficava mais tranquilo. Aquela música insuportável passaria de moda. Ninguém aguentaria aquele barulho por muito tempo. A televisão uniria as famílias, trazendo-as para dentro de casa, restabelecendo o diálogo entre pais e filhos. Brasília seria o berço da democracia. Para ela viriam os homens incorruptíveis que comandariam os destinos da nação.

Levantou e foi fazer xixi.

Quando estava saindo do banheiro, olhou-se no espelho.

Ficou parado, vendo seu reflexo. E então se assustou.

Ali estava a causa.

9 Manchete e O Cruzeiro

[9] Manchete e O Cruzeiro
As propagandas nas revistas anunciavam as últimas novidades produzidas pela indústria de eletrodomésticos: enceradeiras, aspiradores, televisores, eletrolas. A nova geração consumista tinha produtos "bárbaros"!

10 guerra nuclear

[10] guerra nuclear
Com o final da Segunda Guerra Mundial, o mundo ficou dividido em duas áreas de influência: a dos EUA (capitalismo) e a da URSS (socialismo). Foi a Guerra Fria, conflito ideológico e geopolítico que não chegou a um confronto militar direto entre as duas superpotências, apesar das tensões causadas pela constante ameaça de uma guerra nuclear que poderia acabar com a vida na Terra.

a juventude transviada dava o tom

O governo de Juscelino Kubitschek (1956-61) representou um período de otimismo e euforia para o Brasil. Com elevado investimento nacional, e principalmente estrangeiro, a indústria se expandiu bastante; ônibus e carros substituíam bondes e trens. A "meta-síntese" de JK foi a transferência da capital para o Planalto Central.

Oscar Niemeyer e Lúcio Costa criaram uma arquitetura arrojada para Brasília. A *Sinfonia da Alvorada*, composta em 1960 por Tom Jobim e Vinícius de Moraes, dá uma noção do que representava sua construção em termos de gigantismo, mobilização de pessoas e rápida modernização do país.

O principal meio de comunicação de milhões de brasileiros ainda era o rádio, pois a TV, que chegara em 1950, constituía privilégio de uma minoria rica.

Para os jovens, o modelo de vida passaria a ser o norte-americano. Algumas estrelas de Hollywood já simbolizavam um estilo liberado, mas as artistas mais admiradas pelas garotas ainda eram as que faziam o gênero "menina-moça casadoura".

Os rapazes das grandes cidades eram "modernos": usavam cabelos curtinhos dos lados e topetes, calça *blue jeans*, camiseta justa, mocassim sem meias, óculos Ray-Ban, jaqueta de couro preto.

A juventude consumia "goma de mascar", adorava lambretas, dançava rock and roll, bebia Coca-Cola, e volta e meia se envolvia em brigas. Os "jovens transviados", como eram chamados, "abafavam" com seus "brotos" na garupa das lambretas ou nos carros "envenenados" na Rua Augusta, em São Paulo, e no Arpoador, no Rio de Janeiro.

Questionadora, a juventude procurava independência econômica e um modo de viver próprio. E que tudo mais fosse pro inferno...

Oscar Niemeyer

"E espero que Brasília seja uma cidade de homens felizes; homens que sintam a vida em toda a sua plenitude, em toda a sua fragilidade; homens que compreendam o valor das coisas simples e puras — um gesto, uma palavra de afeto e solidariedade."

Oscar Niemeyer

catedral

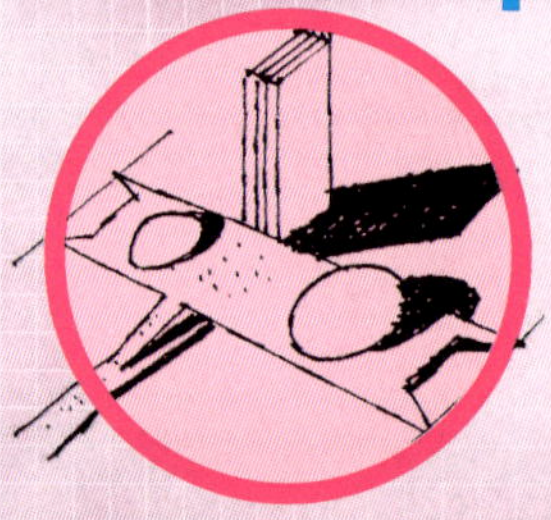

Congresso Nacional

capela do Palácio da Alvorada

Oscar Niemeyer/Acervo pessoal

Plano-Piloto de Brasília

Lúcio Costa venceu o concurso para o Plano Piloto de Brasília, projeto considerado um marco no urbanismo contemporâneo. Graças aos prédios projetados para Brasília, Oscar Niemeyer consagrou-se como um dos arquitetos mais inovadores de seu tempo no mundo inteiro.

Nasha Gil/Acervo da ilustradora

1 **cidades-satélites**
Espalhadas na periferia da área planejada, abrigam trabalhadores de baixa renda e carecem de infraestrutura. São exemplos: Gama, Sobradinho, Taguatinga e Cruzeiro.

2 **mansões**
Às margens do Lago Sul localizam-se as residências de políticos e empresários bem-sucedidos, que não constavam do projeto original.

3 **eixo monumental**
Avenida larga e extensa, em linha reta, que leva ao centro do poder: a Esplanada dos Ministérios e a Praça dos Três Poderes.

4 **superquadras**
Setor residencial, alinham-se ao longo das "asas" da cidade. Abrigam prédios de apartamentos e comércio local.

"

Papai desenhou para nós, num papel, o plano de Brasília, o Plano Piloto: dois traços formavam uma cruz. O Lucio Costa dizia que, quando alguém chega a um lugar e quer tomar posse desse lugar, faz uma cruz.

Com uns rabiscos, a cruz virou um avião. As asas do avião eram o local para as pessoas morarem, para as escolas, os mercados, as lojas. No corpo do avião ficavam os lugares para trabalho, para cultura, diversão, para o governo e a catedral. No meio da cruz, uma grande rodoviária. Havia um lugar para as indústrias, outro para os hotéis, mais um para os quartéis, o lugar das embaixadas, o dos hospitais, o dos escritórios. Cada coisa em seu lugar. Uma cidade bem organizada, com avenidas largas, dois eixos, muitos gramados e jardins espaçosos, e nenhum cruzamento de rua. Um grande lago com barragem. As escolas, os hospitais, o transporte, tudo ia funcionar de uma maneira totalmente nova. Era uma cidade virada para o futuro.

"

MIRANDA, ***Ana***. Flor do cerrado: Brasília. *1. ed. São Paulo, Companhia das Letrinhas, 2012. p. 37-38.*

diversidade no novo milênio

século XXI

o Brasil em 2012

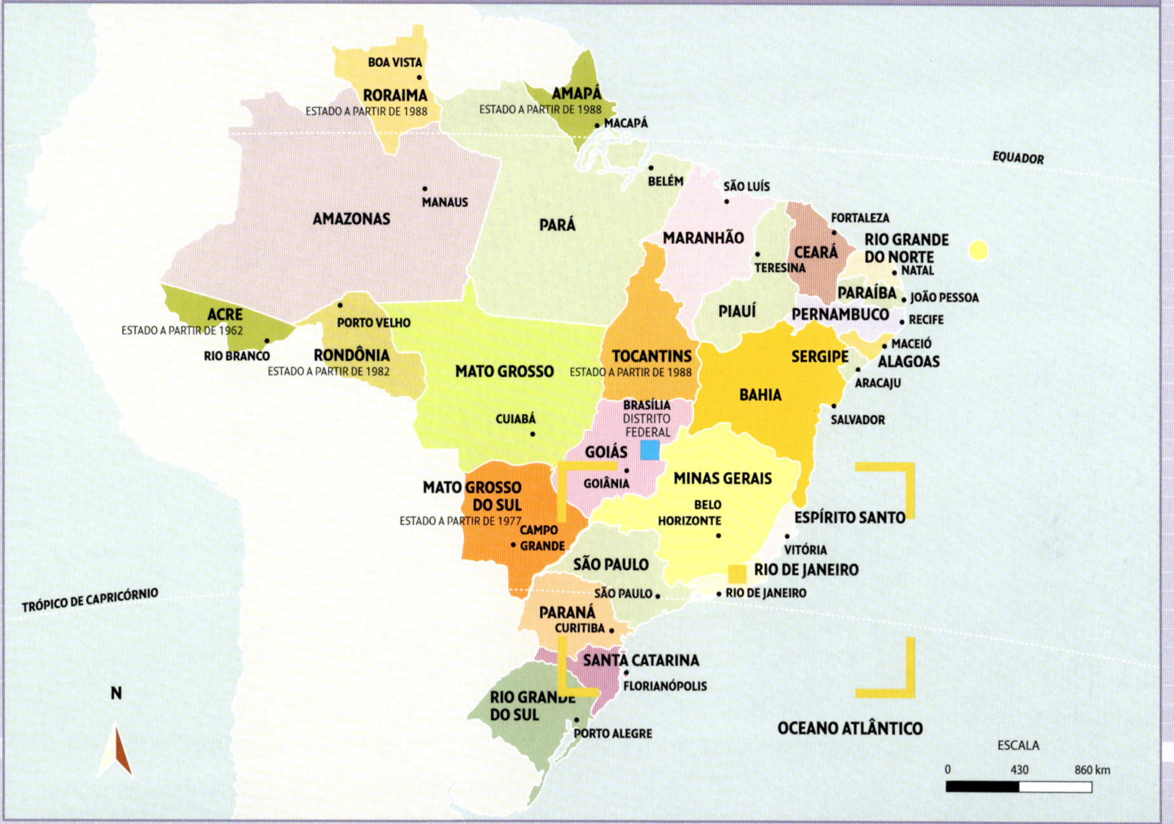

Nasha Gil/Acervo da ilustradora

cidade do Rio de Janeiro

Jose Roberto Couto/Tyba

Jose Roberto Couto/Tyba

os passageiros

Arquivo O Cruzeiro/EM/D.A Press

1 Vandré

2 van pirata

3 desenvolvimento sustentável

[1] Vandré
Nome artístico de Geraldo Pedrosa de Araújo Dias, cantor e compositor paraibano. Ao cursar Direito no Rio de Janeiro nos anos 1960, engajou-se no movimento estudantil e se aproximou do Centro Popular de Cultura da União Nacional dos Estudantes (CPC-UNE), da Bossa Nova e do Cinema Novo. É autor de "Pra não dizer que não falei das flores", canção que se tornou um hino da luta contra a ditadura militar, da qual fazem parte alguns dos versos mais entoados por movimentos sociais até hoje: "Caminhando e cantando e seguindo a canção". Perseguido pela ditadura, partiu para o exílio em 1969, abandonando o pseudônimo que o tornou famoso.

[2] van pirata
O transporte coletivo urbano é regulamentado pela prefeitura. A falta de fiscalização e a ineficácia dos serviços de transporte público abrem caminho, em diversas cidades brasileiras, para o transporte clandestino, muitas vezes controlado por facções criminosas.

[3] desenvolvimento sustentável
Termo surgido na segunda metade do século XX, em trabalhos da Organização das Nações Unidas (ONU) sobre os impactos ambientais causados pelo crescimento da urbanização ao longo do século XX. Um dos marcos dessa causa é o Protocolo de Kyoto (1997), que definiu metas para a redução da emissão de gases poluentes.

Assim que fez 18 anos e tirou carteira, Renato **Vandré** [1], o Renavan, arranjou um trabalho como motorista de **van pirata** [2] na frota do Nelson do Posto. O tio de Renavan dizia que *eiro* era sufixo de profissão... pedr*eiro*, marcen*eiro*... Por isso o destino do brasil*eiro* era ralar.

Renavan morava na comunidade da Vila Autódromo, bem de frente para a pista, e assistia às corridas da laje do barraco desde que mamava. Suas duas paixões na vida: carro e grafite. Começou grafitando muros e descobriu que tinha talento para desenho. O tio pagou um curso, comprou material e em pouco tempo o sobrinho já era chamado por ONGs e prefeituras para intervenções em muros até de outros estados.

Começou a trabalhar na noite de sexta-feira, 22 de junho de 2012. Tinha sido escalado para pegar passageiros no Riocentro e levar para o Aterro do Flamengo.

No centro de convenções Riocentro, desde o dia 13 de junho acontecia uma conferência da ONU sobre **desenvolvimento sustentável** [3], a Rio+20. O evento tinha trazido para a cidade gente de todas as partes do planeta. Só de chefes de Estado e delegações oficiais eram mais de cem. Tinham passado por lá 45 mil pessoas. Aquela sexta-feira era o último dia.

Enquanto isso, no Aterro do Flamengo, acontecia a Cúpula dos Povos, evento paralelo promovido pela sociedade civil. Ali também a programação era intensa, mais de 3 mil conferências. Milhares de pessoas circulavam por lá: jovens acampados, integrantes de ONGs, sindicatos e empresas, ativistas... Todo tipo de gente interessada em ecologia, em desenvolvimento sustentável e em protestar contra o "sistema".

As vans saíam da garagem com um papelão colado no para-brisa: Riocentro - Cúpula dos Povos. E com um adesivo no vidro de trás: "VAMO NELSON". Iam e vinham sempre lotadas e, para entrar no clima, no segundo dia de conferência, Nelson do Posto alterou a tarifa das passagens em +20%.

Renavan pegou a Estrada dos Bandeirantes e, a um quilômetro do Riocentro, já sentiu a confusão de ônibus, táxis, vans e carros que saíam do estacionamento. Isso sem falar nos helicópteros que sobrevoavam, pousavam e decolavam como moscas em um pão doce. Tinha visto na TV que a situação estava caótica por lá, por causa do grande protesto popular contra o relatório final da Rio+20 aprovado pelos chefes de Estado. Os manifestantes reclamavam que a sociedade civil não tinha sido ouvida, que as resoluções eram fracas; acusavam governos de não assumir compromissos e de ceder às pressões das grandes corporações. Haviam queimado uma réplica gigante do documento final da Rio+20 e entregue uma carta-repúdio ao secretário-geral da ONU. Durante toda a tarde, grupos revoltados brandiram cartazes, encenaram esquetes, distribuíram panfletos e narizes de palhaço, bateram tambores, discursaram, gritaram, deitaram no chão bloqueando o caminho das autoridades... E agora estavam indo embora, cansados.

Sem achar lugar para estacionar, Renavan abriu a porta da van e passou pelo meio da bagunça; os passageiros foram pulando para dentro. Primeiro entrou um casal, uma menina muito branca de cabelo espetado, acompanhada de um negro sarado carregando um berimbau. Depois uma garota bonita com um bumbo, seguida de outra, vestida de índia, com o rosto pintado e segurando um bambu grosso forrado de pulseiras coloridas. Em seguida vieram um sujeito carregando uma enorme cabeça do secretário-geral da ONU, feita de papel machê, e outro com uma bola de isopor de 1 metro de diâmetro com o desenho do planeta Terra. Entraram ainda um garoto magro e alto, todo de preto, de cabelo comprido encaracolado e com um chapeuzinho redondo preso em cima da cabeça, e outro carregando um cartaz em que se lia "Energia nuclear? Não, obrigado!" e usando uma camiseta com a foto do **Che Guevara**[4]. Por fim, entraram uma garota magrinha, bonita, com uma camiseta vermelha com a frase "Tortura nunca mais", um adolescente com uma camiseta e um cartaz em que se lia "Diga não ao corrupto", e um negro todo de vermelho e com um cabelão rastafári. Com 11 malucos e toda aquela tralha dentro da van, não cabia mais ninguém. Renavan achou que já estava de bom tamanho, fechou a porta e partiu.

Aquela era uma van pirata de respeito, se o casal do berimbau continuasse a se agarrar daquele jeito lá no banco de trás, Renavan ia ser obrigado a dizer que tinham pegado a condução errada: eles estavam indo para a *Cúpula*, não para a *Cópula* dos Povos. Mas logo os dois se acalmaram e caíram no sono, assim como os outros.

Atravessou toda a Avenida Abelardo Bueno, passando em frente ao Autódromo, dobrou à esquerda na Avenida Ayrton Senna e foi por ela até entrar na Linha Amarela. Daí era só ir em frente, até as placas indicando a saída para a Avenida Brasil. Botou os fones de ouvido do celular e seguiu ouvindo rap.

Os carros passavam a mais de 100 quilômetros por hora, e ele seguia pelo meio da pista, para não ser empurrado para a saída errada. A Avenida Brasil se aproximava. Precisava dobrar à direita no Viaduto de Manguinhos. Faltava pouco. Arrancou os fones de ouvido para ficar mais ligado. Melhor já ir para a direita. Não. Podia acabar atrás de um ônibus e não ver as placas. Saída para a Avenida Brasil, lá estava. Há quantos metros? Não deu pra ler. O viaduto. Não podia errar. Último aviso. Três ônibus seguidos, colados, à direita. Jogou seta e pediu passagem. Forçou. Melhor acelerar e cruzar na frente deles. Acelerou. Eles também! Frear ou acelerar? Frear ou acelerar? Acelerou. Vai dar, vai dar. Não deu. Passou pela saída a 110 quilômetros por hora.

[4] Che Guevara
O médico argentino Ernesto "Che" Guevara de La Serna (1928-1967), motivado por um profundo interesse pelos problemas sociais e políticos da América Latina, juntou-se a Raul e Fidel Castro na Revolução Cubana (1953-1959). Em 1965, abandonou Cuba para tomar parte em outras lutas de libertação. Foi capturado e morto na Bolívia, em outubro de 1967, tornando-se um símbolo da luta pelos direitos dos menos favorecidos.

4 **Che Guevara**

Grey Villet/Time & Life Pictures/Getty Images

5 **Comando Vermelho**

[5] Comando Vermelho
Facção criminosa criada nos anos 1970 no presídio de Ilha Grande (RJ), quando presos de alta periculosidade mantiveram contato com presos políticos, adotando princípios organizatórios. Atualmente, o Comando Vermelho disputa o controle da cidade do Rio de Janeiro com outras duas facções rivais, a Amigo dos Amigos e a Terceiro Comando Puro.

O tio dizia que pra tudo na vida sempre tinha uma segunda chance. Atravessou o viaduto. Lá estava. Retorno. Desceu por uma alça e afinal saiu na Avenida Brasil. Na direção contrária!

Todos dormindo. Tudo bem. Era só pegar o próximo retorno.

Mas o retorno não chegava nunca. Pegou a pista do canto, à direita, e depois da mureta seguiu ainda uns duzentos metros, dobrou na primeira rua, saiu da Avenida Brasil, na intenção de voltar por dentro, quem sabe pegar uma paralela até o Viaduto de Manguinhos.

Estava escuro, a rua era tenebrosa, estreita, com barracos de tijolo sem reboco, dois, três andares, fios e canos de gato por todo lado, biroscas cheias de cachaceiros e vira-latas, pilhas de lixo, homens encostados em carros sem pneus.

Rodou uns trezentos metros, viu a entrada de uma garagem e resolveu manobrar e voltar. Assim que freou sentiu o cano de um 38 na orelha esquerda:

— Perdeu! Perdeu!

Apareceram outros três, com fuzis e camisetas enroladas na cabeça. Os passageiros acordaram e começaram a gritar. Os bandidos mandaram colocar os celulares dentro de um saco plástico, e Renavan foi obrigado a entrar com a van em um galpão.

Uma grande porta de aço fechou atrás deles. Todos foram revistados, arrastados e trancados em uma sala vazia sem janelas.

Dez minutos depois apareceram mais dois garotos, cada um com seu fuzil. E atrás deles um homem muito magro, com uma touca ninja e uma pistola automática na cintura, que explicou a situação:

— Aê, é o seguinte, vacilaram. Aqui na Nova Holanda quem manda é CV, rapá. A gente tá ligado. Se vocês são de milícia, já era. O chefe tá vendo isso. Mandou esperar aqui.

De repente, Renavan percebeu a fria em que tinha se metido. Se os bandidos pensavam mesmo que eles faziam parte da milícia, eles estavam bem encrencados: pela fala do magrelo, ali era uma área dominada pelo **Comando Vermelho**[5]. Ou seja, era como se eles tivessem entrado na torcida do Flamengo com a camisa do Vasco.

O ninja explicou que o chefe da área não queria confusão com a polícia. Durante a Rio+20, até o exército estava nas ruas. Uma delegação oficial do Japão também já havia se perdido numa favela ali perto, no Caju, e tinha sido liberada. Mas, se a van fosse da milícia, a coisa se complicava. Eles iam ficar com ela. E com o motorista também. O resto do pessoal provavelmente seria liberado.

O homem mandou todo mundo calar a boca, sentou num banco de carro com a automática e um rádio transmissor no colo e ficou esperando a ligação do chefe para ver o que deveria fazer. Os dois vigias ficaram de pé, em frente à porta.

Renavan olhou os passageiros, sentados no chão, enfileirados, de costas para a parede, agora mais calmos.

Uma única lâmpada pendia de um fio do teto de zinco.

Ele se sentia responsável. E, de alguma maneira, era mesmo. Por outro lado, sabia que eles não corriam perigo. Era a *sua* batata que estava assando. E se o Nelson do Posto fosse miliciano? Ele não sabia.

Ficaram uns 20 minutos em silêncio até que o celular do ninja tocou. O *ringtone* era um trecho de um rap chamado "Jesus chorou". Ele falou com a mãe, disse para ela não esquentar, que ele segurava o resto das prestações da geladeira, e desligou, mantendo a cara de mau.

— Mês passado cruzei com o Mano Brown — Renavan arriscou.

Mano Brown era o vocalista dos Racionais, autor do *ringtone* do ninja.

— À vera?

— Sou grafiteiro. Fui fazer um trabalho no Sesc Santo André, em São Paulo, e ele tava lá, ia fazer um show. Tomou uma cerveja com a gente.

— Tu tomou uma gelada com o Mano Brown?

— Como é teu nome?

— Mosquito. Como é que ele é?

— Normal. Gente que nem a gente.

— Manero. Tu é pichador?

— Não, grafiteiro... O Mano Brown cantou pra nós, tá ligado?

Renavan começou a cantar "Vida loka". Ele sabia a letra de cor. A cena era absurda, e todos olharam para ele achando que tinha ficado maluco, mas aos poucos o ninja foi balançando a cabeça no ritmo, e os moleques na porta também mexiam o pescoço que nem pombos.

Quando terminou de cantar, emendou:

— Posso te pedir uma coisa, Mosquito?

— Fala aê.

— Olha pra eles — e apontou para os passageiros sentados no chão. — Nem conheço. Cada um podia dizer o nome, o que faz e o que quer fazer da vida.

— Pra quê?

— Pra mostrar que são sangue bom. Ninguém aqui tem nada a ver com milícia.

— Já é.

— Pela fila. Fala você primeiro, gata.

Renavan apontou para a menina vestida de índia, de cabelo muito liso e preto.

[6] MST
O Movimento dos Trabalhadores Sem Terra (MST) nasceu em 1984, com o objetivo de lutar pela reforma agrária no Brasil. A luta do MST é embasada na Constituição de 1988, que assegura a desapropriação de terras que não cumpram sua função social.

Ronaldo de Oliveira/CB/D.A Press

6 MST

7 homofobia

Mastrangelo Reino/Folhapress

[7] homofobia
Caracteriza-se por atitudes que demonstrem qualquer tipo de preconceito contra pessoas de orientação sexual minoritária (gays, lésbicas, bissexuais, travestis, transexuais e transgêneros). A origem da homofobia remonta, no Brasil, ao passado colonial, quando a relação homossexual era vista como um delito ("sodomia") e um pecado. Na foto, a Parada Gay de São Paulo, a maior do mundo.

— Meu nome é Coema, tenho 16 anos e sou da tribo carajá. Tô acampada no Aterro do Flamengo, vendendo artesanato. Moro em Corumbá, sou ativista ambiental e participo dos movimentos para demarcação das terras indígenas e do **MST** [6]. Meu pai foi morto a mando de um fazendeiro numa das ocupações. Quero ser jornalista pra denunciar a violência dos latifundiários.

Mosquito coçou o queixo com a pistola.

— Valeu, Coema. Agora você — Renavan apontou para o garoto de cabelo comprido, encaracolado, magro e alto, todo de preto, com um nariz enorme.

— Que bagulho é esse aí na tua cabeça? — Mosquito apontou com a arma.

— Isto aqui? É um quipá. Eu sou judeu. Na nossa religião o quipá é um símbolo de temor a Deus.

— Aqui no morro nunca vi isso, não. Vai, dá a letra aí.

— Meu nome é Aleixo Carvalho e eu sou de São Vicente, litoral de São Paulo. Meu avô era português e católico até que descobriu que na verdade descendia de judeus marranos, os judeus convertidos à força ao catolicismo em Portugal. Aí decidiu voltar a ser judeu e fundou uma sinagoga na nossa cidade. Tenho 17 anos, quero ser rabino que nem meu pai e lutar pela liberdade de religião. Meu pai diz que o Brasil é um exemplo pro mundo inteiro. O melhor amigo dele é muçulmano, e os dois torcem pelo Corinthians.

— Beleza, Aleixo. Agora você. Fala aí... — disse Mosquito, apontando a pistola para o que havia entrado na van com a grande bola de isopor com o desenho do planeta Terra.

— Meu nome é Nestor, sou pernambucano, trabalho numa ONG que luta pelos direitos LGBT. Vim pra Cúpula dos Povos pra participar das passeatas contra a **homofobia** [7]. Pernambuco tá em primeiro lugar na lista de assassinatos de gays, sabiam? Sou filho de usineiro e fui expulso de casa pelo meu pai quando ele descobriu que eu sou gay. Vou estudar Sociologia e quero ser professor e vereador.

O quarto, aquele com a camiseta do Che, fazia uma coisa muito complicada.

O jovem e o mercado de trabalho: liberdade e estudo

Coema quer ser jornalista para denunciar a violência dos latifundiários. Nestor quer estudar Sociologia para ser professor e lutar contra homofobia. Ambos querem fazer faculdade para lutar pelas causas nas quais acreditam. Hoje, o ensino superior está muito mais acessível para grande parte da população. E mesmo quem não parece pensar em cursar uma faculdade, como Renavan, que é grafiteiro, ou Aleixo, que quer ser rabino, mostra que há mais espaço para que o jovem siga a sua verdadeira vocação. Assim, podemos entender que o século XXI trouxe mais liberdade ao jovem no mercado profissional. No entanto, nem sempre o ensino superior é um passaporte para o sucesso. Com a democratização do ensino, pegaram carona muitas instituições não qualificadas, que se aproveitam para oferecer um serviço de baixo nível educacional, não preparando o jovem para o mercado de trabalho.

— Tenho 18 anos, me chamo Macário e sou espeleólogo.

— Espelho o quê? — perguntou Mosquito.

— Eu exploro e estudo cavernas e grutas. Moro em Ribeirão Preto. Abri uma empresa de turismo ecológico junto com meu irmão mais velho e estamos ganhando uma grana como guias de cavernas. Vim pra Rio+20 pra divulgar meu trabalho e participar dos protestos contra os desmatamentos, os combustíveis fósseis e a energia nuclear.

— E o rastafári aí, quem é?

— Filipe, tenho 16 anos e sou mineiro de Belo Horizonte. Sou bisneto de escrava, moro numa comunidade igual a esta, seu Mosquito, e luto contra o **racismo** [8]. Criei com uma galera um site que monitora crimes virtuais na internet, tipo racismo, apologia ao crime, homofobia. A gente vasculha blogs, redes sociais, twitters, e envia pro Ministério Público Federal. Já mandamos mais de duas mil denúncias de racismo. Manifestação de racismo dá de dois a cinco anos de cadeia. Meu sonho é ser advogado, entrar pro Ministério Público, porque eu acho que são eles que vão consertar o Brasil.

— Vai fundo, cara — Renavan levantou o polegar para Filipe, que tinha falado olhando nos dois olhos dentro da máscara ninja. — Acho que agora é você — e apontou para a menina bonita do bumbo.

— Meu nome é Maria, tenho 17 anos, estou acampada no Aterro do Flamengo há uma semana e preciso tomar um banho e usar xampu! Nasci aqui no Rio mesmo, mas fui criada no Ceará, porque minha mãe foi pra Fortaleza fugindo do meu pai, que batia nela e uma vez quase a matou. Minha mãe entrou para o Fórum Cearense de Mulheres e me ensinou a ser **feminista** [9]. Sou lésbica e minha mãe me ama e me respeita. Ela tá desempregada e eu nem sei como vou descolar grana pra voltar pro Ceará. Faço parte de um grupo de percussão, e a gente vai em todos os eventos políticos que pode. Segunda-feira eu tava tocando bumbo na passeata pela economia verde e pela liberdade feminina, aquela que juntou tipo cinco mil pessoas no Centro.

— Eu tava lá também — disse a menina com a camiseta "Tortura nunca mais". — Fiquei rouca de tanto gritar "Mulher não é só bunda e peito!". Tava ajudando a coordenar a Marcha Mundial das Mulheres.

— Acho que eu te conheço. Você não foi na Marcha das Vadias em...

[9] feminista
Movimento que luta para a ampliação do papel e dos direitos da mulher na sociedade. Surgiu no século XIX nos Estados Unidos e na Inglaterra como um movimento para reivindicar direitos civis das mulheres, como ao voto e à propriedade. Na década de 1960, o movimento passou a abranger a luta por espaço no mercado de trabalho e questões ligadas à sexualidade. Na foto, vemos Patrícia Galvão, a Pagu, jornalista, escritora e ativista política brasileira.

8 racismo
9 feminista

[8] racismo
Como teoria, ganhou corpo no século XIX, na esteira do desenvolvimento da biologia moderna e de sua aplicação à análise da sociedade com base em uma perspectiva eurocêntrica e distorcida da teoria da evolução de Charles Darwin (1809-1882), que postulava uma hierarquia entre as raças humanas. Essas interpretações contribuíram politicamente para diversas medidas racistas ao longo da História, como o neocolonialismo na África, a violência contra escravos, ex-escravos, ciganos e outras etnias em várias partes do mundo.

— Espera, gente — Renavan botou ordem. — Um de cada vez.

Era a vez do casal do berimbau. O garoto falou.

— Eu sou o Tonho e essa é a Carlota. Sou baiano, descendente de escravos, negros malês, muçulmanos. Minha princesa aqui veio da Suíça. Chamo ela de Carlota por causa desse cabelinho louro espetado que ele usa. A gente se conheceu em Salvador no começo do ano, numa roda de capoeira no quintal lá de casa. Painho estudou capoeira de Angola com o mestre Pastinha...

— Mestre Pastinha?

Todos se voltaram para um dos moleques de fuzil que guardavam a porta.

— Qual foi, Biscoito?

— Meu avô veio de Salvador, Mosquito, trabalhar de pedreiro aqui no Rio. Jogava capoeira e também aprendeu com esse mestre Pastinha. Sempre falou dele pra mim. Ele me ensinou capoeira. Eu jogo um pouco. Ele morreu mês passado, com quase cem anos.

— Meus sentimentos, cara — Tonho falou pro garoto. — Painho também morreu mês passado. É barra perder alguém que a gente admira e que ensinou tanta coisa, né? Bom, a Carlotinha tava na Suíça, naquele frio arretado, e resolveu visitar uma tia que mora em São Francisco, nos Estados Unidos. A prima dela namora um brasileiro que trabalha numa ONG, dá aulas e divulga a capoeira por lá. Por causa disso, Carlotinha veio parar em Salvador. Daí uma ONG do Canadá botou uma grana na parada e nós dois vamos abrir uma escola de capoeira e hip-hop no **Complexo do Alemão** [10].

10 Complexo do Alemão

Ricardo Azoury/Tyba

[10] Complexo do Alemão

Conjunto de 15 favelas localizado na Zona Norte do Rio de Janeiro. Sua ocupação data da década de 1960, quando recebeu inúmeros moradores emigrados do Nordeste e de remoções feitas em outras favelas da cidade.

Mosquito apontou a automática para Tonho e disparou. Palavras.

— Vamo ver se tu é bom mermo ou se tá de caô. Vai jogar capoeira com o cara ali. Biscoito, vai lá na van e pega o berimbau.

Mosquito riu de lado, com ar de bandido de filme, mas Tonho balançou a cabeça:

— Não sei nada de capoeira, não. Sou fotógrafo. Quem joga capoeira é a gata aqui.

Carlota sorriu:

— *Yes*... Sim... saber am poco...

Mosquito olhou para o teto:

— Tá. Deixa pra lá. Continua com isso.

O nono a se apresentar era aquele que tinha entrado na van com a cabeçona de papel machê. Alto, forte, cara vermelha, do tipo que quando Deus distribuiu saúde entrou na fila duas vezes.

— Todo mundo me chama de Beppo. Tenho 17 anos, meu trisavô trouxe a família da Itália pra trabalhar em São Paulo, minha bisavó se apaixonou por um anarquista e fugiram da polícia pro interior do Rio Grande do Sul, pra ele não ser preso. Foi lá que a minha família começou a fazer vinho. Vou estudar Zootecnia porque me amarro em bicho-da-seda. Minha avó criava os casulos e fiava numa roca, meu pai expandiu o negócio, abriu uma microempresa 100% sustentável que produz seda artesanal e dá emprego pra uma galera. Foi ideia minha! Vim pra Cúpula dos Povos trocar informações com outros produtores e ambientalistas, além de protestar contra o novo Código Florestal. Estão querendo anistiar os fazendeiros que derrubaram florestas! Um absurdo! Segunda-feira fomos pra porta do BNDES protestar e depois fizemos a Marcha a Ré, pra denunciar o retrocesso na legislação ambiental brasileira!

A décima passageira era magrinha e falou passando os olhos cheios de lágrimas, devagar, nos olhos de todos os outros, até parar nos de Mosquito.

— Meu nome é Isaura, o mesmo da minha *bisavó*. Ela foi professora e acabou presa pela polícia de Getúlio Vargas por ser comunista, junto com o Graciliano Ramos, a Nise da Silveira e o Barão de Itararé. Minha *avó* foi militante de esquerda e pegou em armas contra a **ditadura militar** [11]. Em 1968 foi presa e torturada durante dois meses dentro de um quartel militar. A gente tá tentando encontrar o corpo dela até hoje. Minha *mãe* é militante de direitos humanos e faz parte do grupo **Tortura Nunca Mais** [12]. E *eu* também. Ela participou das **Diretas Já** [13] e estava nas ruas junto com os **Caras Pintadas** [14] no impeachment do Collor. Quando tem rebelião em presídio, seu Mosquito, chamam minha mãe pra garantir os direitos dos presos e impedir chacinas. Ano passado ela se ofereceu pra ser trocada pelos reféns e passou uma noite inteira com uma faca no pescoço, mas evitou que a polícia entrasse lá e matasse todo mundo. Se você tem tipo algum amigo ou parente preso, fique sabendo que minha mãe dedica a vida a garantir os direitos deles. E eu vou fazer o mesmo que ela e todas as mulheres da minha família.

Mosquito apontou a automática pro último da fila.

— Meu nome é Sérgio — disse o da camiseta "Diga não ao corrupto". — Sou de Brasília e, ao contrário da Isaura aqui, quero ser o oposto do meu pai, que é um deputado federal corrupto. Tenho 16 anos e parei de falar com ele. Moro com a minha mãe. Criei esse movimento — apontou para a própria camiseta — e vim divulgar aqui na Rio+20. No Brasil as pessoas são contra a corrupção, mas continuam amigas, falando normalmen-

[11] ditadura militar
Em 1º de abril de 1964, concretizou-se um processo de ruptura democrática no Brasil, realizado por grupos civis e militares conservadores. O principal objetivo era impedir a grande mobilização social em torno das reformas de base, como a agrária, do governo João Goulart. O país foi governado por militares até 1985, período marcado pelo autoritarismo e pela violência.

11 ditadura militar

Kaoru/AJB

Rodrigo Capote/Folhapress

12 Tortura Nunca Mais

[12] Tortura Nunca Mais
Grupo fundado por ex-presos políticos em 1985. Além de lutar pela punição dos torturadores e realizar estudos e pesquisas sobre as violências e arbitrariedades cometidas contra os presos políticos durante a ditadura, o grupo também atua na defesa dos direitos humanos no Brasil.

te com os corruptos. Minha ideia é que as pessoas parem de falar com os corruptos. Eu parei de falar com o meu próprio pai. Criei um site em que mostro pessoas legais, geralmente artistas, abraçando umas figuras que todo mundo sabe que são corruptas. É fácil dizer não à corrupção. Quero ver é dizer não ao corrupto!

Mosquito ficou olhando para eles. Pegou o rádio transmissor. Ligou.

— E aí?

Ouviu. Desligou. Levantou, tornou a colocar a pistola na cintura e fez um sinal para Renavan com o indicador:

— Chega mais.

Os dois saíram. Mosquito o levou até um canto cheio de pneus velhos e disse:

— A parada é a seguinte, esse VAMO NELSON aí não tem a ver com milícia não, tá ligado? Pô, e tu? Tomou uma gelada com o Mano Brown! Tá limpo, meu camarada. Se tu encontrar com ele de novo, diz que cruzou com o Mosquito da Nova Holanda e que ele te aliviou de uma parada sinistra.

— Já é.

— E essa galera? A gente até pensou em sequestrar eles. Filho de bacana vindo assim, em domicílio... Mas é tudo sangue bom mermo. Tem de um tudo e de toda parte, né, brother? Bando de maluco. Mas é o futuro do Brasil, é ou não é? Tô até lesado das ideia. Ia pedir o que de resgate? Bicho-da-seda? Tô liberando todo mundo. Entra na van e sarta fora. Os celular fica. Pedágio.

— Valeu.

— Saí dessa por tua causa, tio. Lembrei de uma coisa que você disse no enterro do Lourival, quando eu comecei a chorar: "Ele tinha 87 anos, tava doente há muito tempo e morreu tranquilo, dormindo. Sabe por que você tá chorando por ele e não chora quando vê na tevê uma porção de gente morrendo num desastre lá na China? É porque você *conhecia* o Lourival". Outra coisa. Aí, tio, na boa. Não trabalho mais pro Nelson do Posto. Tô fora. Arrumei um trampo novo. Vou dar aula de grafite na escola de hip-hop do baiano e da suíça lá no Complexo do Alemão e ser motorista da van deles. Cara, teu sobrinho arrebentou ontem à noite. Salvei a rapaziada e ainda fiquei de rolo com uma gata invocada, a tal da Isaura. Ela quer te conhecer. Vamos agitar um churrasco aqui na laje pra galera do sequestro?

[13] Diretas Já
Em 1983, vários setores da sociedade brasileira se mobilizaram em defesa de eleições diretas para presidente da República. Apesar do apoio popular e da maioria dos votos no Congresso, a emenda não foi aprovada por falta de quórum. Com a derrota, a eleição presidencial de 1985 foi realizada por um colégio eleitoral.

13 Diretas Já

Gilberto Alves/CB/D.A Press

14 Caras Pintadas

Ari Vicentini/Agência Estado/AE

[14] Caras Pintadas
Em 1992, diversas manifestações estudantis foram realizadas pelo Brasil em apoio ao impeachment do presidente Fernando Collor de Mello. Nessas manifestações, os estudantes pintavam os seus rostos com as cores da bandeira nacional, em meio aos protestos contra a corrupção e contra a grave crise econômica vivida pelo país.

favela tem história e cultura

Como acompanhamos na narrativa, a van dirigida por Renavan acidentalmente entrou em uma favela — termo usado no fim do século XIX para as moradias precárias erguidas no Morro da Providência, no Rio de Janeiro, por soldados que combateram na Guerra de Canudos.

No início do século XX, com a modernização urbana e a especulação imobiliária, pessoas foram desalojadas dos cortiços do centro da cidade e passaram a ocupar os morros. A pobreza e a carência de serviços públicos geraram habitações sem infraestrutura. O desenvolvimento da indústria e do setor terciário atraiu muitos migrantes para os grandes centros urbanos, o que intensificou essa situação.

Nos anos 1970, no período conhecido como "milagre brasileiro", a política econômica da ditadura resultou em aumento da concentração de renda, da desigualdade social e do êxodo rural. Boa parte desse contingente migratório habitou o entorno das cidades que inchavam. A crise da década de 1980 acentuou o desemprego e a miséria, agravando a violência urbana e a favelização.

Não é raro encontrarmos representações preconceituosas da favela, caracterizada comumente como foco de criminalidade, violência e vadiagem. No entanto, essas comunidades são um microcosmo da sociedade: mantêm escolas, creches e atividades culturais e sociais. Nelas também se instalaram ONGs, nas quais trabalham muitos jovens da própria comunidade. Por exemplo, a ONG AfroReggae e o Museu da Favela da Maré, no Rio de Janeiro; a orquestra na favela de Paraisópolis e o projeto urbanístico de Heliópolis, em São Paulo.

A ocupação de morros cariocas pelas Unidades de Polícia Pacificadora (UPPs) constitui um novo modelo de segurança pública, que busca aproximar a população e a polícia, aliada ao fortalecimento de políticas sociais nessas comunidades, onde cidadãos buscam uma estratégia de sobrevivência contra a segregação do espaço urbano.

Eco92

Entre os dias 3 e 14 de junho de 1992, a Organização das Nações Unidas (ONU) realizou, no Rio de Janeiro, a Conferência das Nações Unidas sobre o Meio Ambiente e o Desenvolvimento (CNUMAD), conhecida como ECO92. Com a grande presença de chefes de Estado e ONGs, a Eco92 é um marco na definição de metas para o desenvolvimento sustentável, para convenções sobre a biodiversidade e as mudanças climáticas.

Ricardo Mello/Agência O Globo

Rio+20

Reedição da ECO92, realizada entre 13 e 22 de junho de 2012, no Rio de Janeiro. Com uma presença tímida de chefes de Estado e em meio a uma grande crise econômica mundial, a Rio+20 frustrou as expectativas de firmar um compromisso para a redução dos impactos ambientais no planeta.

Guto Maia/Brazil Photo Press/AE

desmatamento na Amazônia

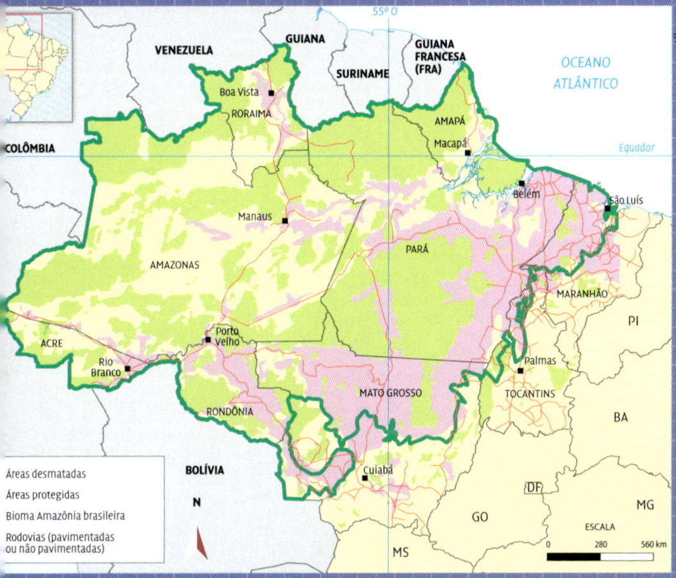

- A Amazônia abrange nove estados brasileiros (Acre, Amazonas, Amapá, Pará e Roraima integralmente e parte de Mato Grosso, Rondônia, Tocantins e Maranhão) e ocupa quase metade do território nacional (49,29%).
- O desmatamento significativo da Amazônia começou na década de 1970, com a construção da Transamazônica e a crescente utilização do local para a criação de gado.
- Segundo pesquisa do Instituto Nacional de Pesquisas Espaciais (Inpe) divulgada em 2011, 62,2% da área desmatada era ocupada por pastagens em 2008.
- Embora o ritmo de desmatamento venha diminuindo desde 2008, a perda de vegetação original chegou a 14,83% em 2011, de acordo com o Instituto Brasileiro de Geografia e Estatística (IBGE).
- Os principais impactos do desmatamento são: perda de produtividade do solo, diminuição das chuvas na região, extinção de diversas espécies e emissão de gases de efeito estufa.

"

[Rael] chegou à casa do Panetone alguns minutos depois e bateu palmas freneticamente. O amigo logo saiu e o convidou para entrar, Rael deu a negativa e perguntou dos dois irmãos, Panetone respondeu que eles tinham acabado de ir. Rael, mesmo com a insistência de Panetone, não contou nada, se retirou e foi para a casa do Matcherros, mesmo sabendo que este estava dormindo. Falou com Cebola o que estava acontecendo e os dois saíram para procurar Will e Dida.

Quando estavam descendo o São Bento velho, cruzaram com Burgos, que estava com uma blusa imensa, sinal de que estava armado. Burgos deu sinal para pararem e perguntou se haviam visto Will por lá. Rael estranhou e disse que não sabia que ele havia voltado, Burgos nem agradeceu, virou as costas e saiu apressadamente. Cebola o avisou que o palco já estava armado e que Burgos nunca saía na correria à toa, alguma coisa tava pegando pro lado do Will, e que desconfiava que haviam sido os manos da Paraisópolis que tinham contratado o Burgos pra fazer o serviço, porque senão os negócios despencam: é só um noia saber que tal mano comprou na boca, não pagou, e nada aconteceu, que tá feito o boato que os chefes da boca não tão com nada. O respeito tem que prevalecer.

Rael concordou com a tese do amigo e ficou mais preocupado, ainda mais porque sabia que Burgos era sangue no olho e que se ele tava na treta, nada mais poderia ser feito pelo Will. Resolveu ir para casa, pegou outro livrinho de bolso e começou a ler após tomar banho, alguns minutos depois cochilou e só teve força em seus braços para pôr os óculos na cadeira que ficava ao lado de sua cama, servindo de criado-mudo.

"

FERRÉZ. Capão pecado. *São Paulo: Objetiva, 2005. p. 32-33.*

conclusão

Coema, Macário, Aleixo, Filipe, Maria, Renavan... Como neste livro, são muitos os rostos que compõem a juventude brasileira.

Independentemente do momento histórico, da cor de pele, da classe social ou do local de origem, esses personagens têm um ponto em comum: eles não aceitam o destino que lhes é apresentado como definitivo, defendem seus ideais e traçam suas próprias trajetórias. Não importa a época, o jovem tem a capacidade de acreditar que um mundo diferente é possível e de ir à luta para concretizá-lo.

O povo brasileiro é constituído por várias nacionalidades e culturas, amalgamadas em uma história rica e plural. Nesse cenário, o jovem cumpre uma função muito importante: ser o agente da mudança, a força motriz de um futuro melhor para si mesmo e para o país como um todo.

Os editores

jovens brasileiros

suplemento de leitura

ivan jaf | maria odette simão brancatelli | vera lúcia vilhena de toledo

nome

ano ensino

escola

2.

Lendo os contos, você pôde constatar que a Língua Portuguesa sofreu influência de outros idiomas ao longo do tempo. Identifique nos trechos transcritos abaixo a língua que exerceu a influência sobre as palavras destacadas em negrito. Se precisar, consulte o dicionário.

I "Elas pararam longe da costa, onde as canoas de **igá-ibira** não podiam chegar. [...] Experimentaram esfregá-la num galho de **ubaçu-ibá**."

"Caçavam **tatus**, **saruês** e **capivaras** [...]"

II "Teve de reformar a cadeirinha e a poltrona e comprar **librés** para seus escravos. E uma **sege** e um cavalo, porque ficava mal continuar a atravessar a cidade numa **charrete** [...]"

III "A mãe jogou o **ravióli** na panela de água quente. [...] e pediu:
— Uma **pizza** [...]".

IV "[...] trocou os óculos de papelão pelo **ray-ban** [...] fora expulso de um **drive-in** por baderna, tomava cuba-libre e frequentava antros de **rock**."

[ ] **francês**

[ ] **inglês**

[ ] **tupi**

[ ] **italiano**

3.

A charge é um texto em linguagem visual, caricatural, que satiriza um fato específico — em geral de caráter político — que é de conhecimento público. Se você fosse associar as charges abaixo ao livro, em que capítulo ficaria cada uma delas?

© César Lobo

© César Lobo

1.

Relacione corretamente as colunas abaixo:

I Planisfério [ ]

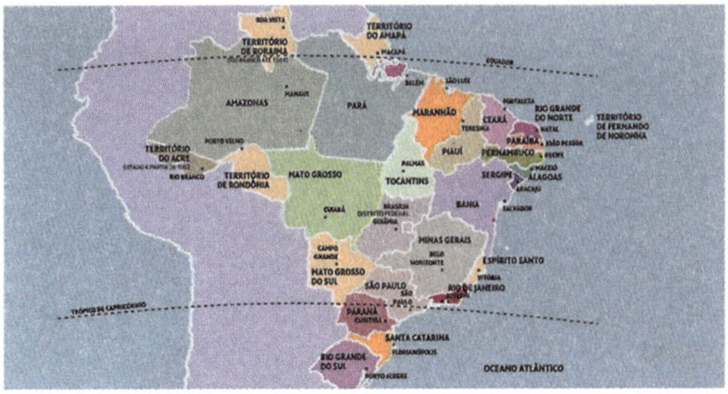

[ ] Representação minuciosa de uma pequena área da superfície terrestre.

II Mapa físico [ ]

[ ] Representa toda a superfície do globo em um plano retangular.

III Mapa político [ ]

[ ] Mostra a superfície da Terra e seus aspectos naturais, como acidentes físicos.

IV Planta topográfica [ ]

[ ] Descreve a organização territorial sob jurisdição governamental.

jovens brasileiros

é um livro que mostra diferentes aspectos da História e da cultura do povo brasileiro. Com as atividades propostas aqui, você poderá ampliar seus conhecimentos de modo criativo, treinando o raciocínio lógico e até exercitando seu potencial como escritor.

exercícios

5.

A partir da leitura dos textos e mapas do livro podemos traçar um panorama da ocupação do território brasileiro em cinco séculos de sua História. Leia agora os pontos centrais de um artigo da revista *Veja* sobre este assunto:

> ***Cidades planejadas***
> *As primeiras cidades brasileiras, construídas sem planejamento, produziram resultados desastrosos. Com o tempo, ruas estreitas para proteger pedestres do calor escaldante viraram labirintos decadentes, e bairros às margens de rios e encostas explodiram em favelas. São Paulo, Rio de Janeiro e Salvador são exemplos vivos desse caos, formado ao longo de cinco séculos. Do litoral à interiorização mais próxima, os vícios permaneceram. Hoje, o eixo Rio-São Paulo exibe um dos mais horrorosos cenários urbanos. Municípios se fundem em confusas megalópoles, que recebem um nome tão feio quanto seu resultado: conurbação.*
> *Às margens da estrada Transbrasiliana, no entanto, o grande eixo norte-sul que anima o interior, surgem, sem espalhafato, cidades planejadas, com ruas largas, saneamento básico, escolas e hospitais. É um novo Brasil saltando das pranchetas para a selva amazônica, o cerrado ou as pradarias do sul.*
> *Entre os frutos desse planejamento estão Palmas (capital de Tocantins), Londrina, Belo Horizonte, Goiânia e Brasília (o exemplo mais conhecido). Os brasileiros se interiorizam seguindo o plano-mestre cuidadosamente traçado por gerações de urbanistas — uma constatação surpreendente no país do jeitinho e do improviso.*
>
> (Fonte: "*Na ponta do lápis: Cidades planejadas vencem as adversidades do interior e exibem ótimos padrões de vida*", *matéria publicada em* Veja, *em 15/1/2000*.)

Tentando relacionar o artigo ao livro, responda:
I. Em que época aconteceram os dois movimentos de penetração no interior do país?

....

....

II. Qual a causa de cada um desses movimentos?

....

....

III. Qual a diferença entre um movimento e outro?

....

....

6.

Você acompanhou as histórias de Coema, Aleixo, Nestor, Macário, Filipe, Maria, Carlota, Tonho, Beppo, Isaurinha, Sérgio e Renavan, que viveram em locais e épocas diferentes. Escreva, em seu caderno ou numa folha à parte, uma mensagem para a personagem que mais chamou sua atenção. Lembre-se dos:

- **fato(s) que marca(m) a época em que você vive**
- **valores, atitudes e jeitos de ser do jovem de hoje**
- **conselho(s) que você daria a seu correspondente**

Você também pode usar alguns recursos da linguagem visual para sensibilizar ou informar melhor o destinatário, como cores, símbolos, mapas, colagens, desenhos, pinturas e fotos. Atenção: não esqueça de mencionar o local em que você vive e a data de sua mensagem.

4.

As histórias que você acompanhou têm como cenário diferentes cidades de cinco estados brasileiros. Relacione cada um deles ao fato histórico correspondente. Depois, identifique cada estado no mapa abaixo.

I Bahia	[ ] Modo de vida dos índios antes da chegada dos portugueses
II São Paulo	[ ] Contraste entre a vida de senhores e escravos africanos, economia açucareira
III Sergipe	[VI] Capital recém-inaugurada; desenvolvimento econômico, consumismo da classe média
IV Minas Gerais	[ ] Modernização da cidade com a vinda da família real
V Rio de Janeiro	[ ] Transição do trabalho escravo para o livre; modernização do país com o café
VI Brasília (DF)	[ ] Exploração de ouro na colônia, comércio feito por tropeiros

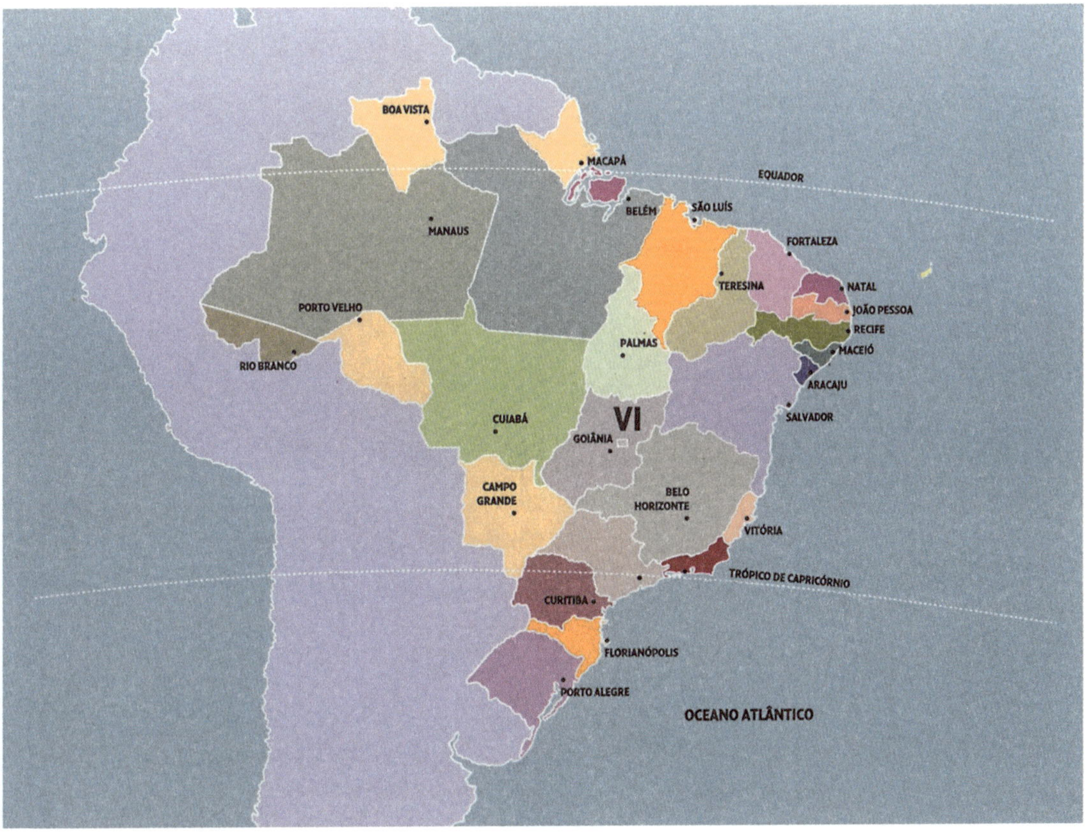

editora ática

museus, filmes e sites

Veja algumas dicas de fontes para aprofundar a pesquisa sobre os períodos históricos apresentados neste livro.

bibliotecas e museus

Biblioteca Nacional: ***www.bn.br***
Instituto Itaú Cultural: ***www.itaucultural.org.br***
Ministério da Cultura: ***www.cultura.gov.br***
Museu do Índio: ***www.museudoindio.org.br***
Museu Paulista (Museu do Ipiranga): ***www.mp.usp.br***

filmes e sites informativos

o Brasil indígena

Como era gostoso o meu francês, de Nélson Pereira dos Santos, 1971
Kuarup, de Rui Guerra, 1989
Xingu, a terra mágica, de Washington Novaes, 1985
Conselho Indigenista Missionário: ***www.cimi.org.br***
Fundação Nacional do Índio: ***www.funai.gov.br***

a presença portuguesa

1492 — a conquista do paraíso, de Ridley Scott, 1992
Aguirre, a cólera dos deuses, de Werner Herzog, 1972
Comissão Nacional para as Comemorações dos Descobrimentos Portugueses — Portugal/vários links, como "Na crista da onda": ***www.cncdp.pt***

o domínio holandês no Nordeste

Casa-grande e senzala, de Geraldo Sarno, 1974
Menino de engenho, de Walter Lima Júnior, 1965
Quilombo, de Carlos Diegues, 1983
www.tvcultura.com.br/aloescola/estudosbrasileiros (link: casa-grande e senzala)
www.palmares.gov.br
www.tg3.com.br/colonial

o bandeirismo em São Paulo

O caçador de esmeraldas: a saga de Fernão Dias, de Osvaldo de Oliveira, 1980
República Guarani, de Sylvio Back, 1982
A missão, de Roland Joffé, 1986

a febre do ouro em Minas Gerais

Chico Rei, de Walter Lima Júnior, 1985
Século XVIII: a colônia dourada, de Eduardo Escorel, Instituto Itaú Cultural, 1994
Xica da Silva, de Carlos Diegues, 1976
www.tratosculturais.com.br/diario/prologo.htm

a Corte portuguesa no Brasil

Carlota Joaquina, a princesa do Brasil, de Carla Camurati, 1995
Independência ou Morte, de Carlos Coimbra, 1972
Independência, de João Batista de Andrade, Instituto Itaú Cultural, 1991
www.rio.rj.gov.br/arquivo

escravos e imigrantes no Império

Nasce a República, de Roberto Moreira, Instituto Itaú Cultural, 1989
Gaijin — Os caminhos da liberdade, de Tizuka Yamasaki, 1980
O quatrilho, de Fábio Barreto, 1995
www.museuafrobrasil.org.br
www.tvcultura.com.br/aloescola/estudosbrasileiros (link: entre dois mundos)

o início do movimento operário

Os libertários, de Lauro Escorel Filho, 1976
São Paulo, memória em pedaços, de Neide Duarte, 1997 (TV Cultura)
Século XX: primeiros tempos, de Fernando Severo, Instituto Itaú Cultural, 1993
www.memorialdoimigrante.sp.gov.br

a ditadura de Getúlio Vargas

Getúlio Vargas, de Ana Carolina, 1974
Memórias do Cárcere, de Nélson Pereira dos Santos, 1984
No tempo da II Guerra, de André Klotzel, Instituto Itaú Cultural, 1990
O Velho: a história de Luís Carlos Prestes, de Toni Ventura, 1997
www.tvcultura.com.br/aloescola/historia (link: cenas do século XX — módulos nacionais — Revolução de 1930, Revolução Constitucionalista de 1932, Integralismo, Estado Novo, Brasil — II Guerra Mundial, Villa-Lobos)

os anos JK

A Era JK, de Francisco César Filho, Instituto Itaú Cultural, 1993
Os anos JK: uma trajetória política, de Silvio Tendler, 1980
Juventude transviada, de Nicolas Ray, 1955
www.tvcultura.com.br/aloescola/historia (link: cenas do século XX — módulos nacionais — Juscelino Kubitscheck — Construção de Brasília)

diversidade no novo milênio

Pixote, a lei do mais fraco, de Hector Babenco, 1981
Cidade de Deus, de Fernando Meirelles e Katia Lund, 2002
Falcão, meninos do tráfico, de MV Bill e Celso Athayde, 2006
Besouro, de João Daniel Tikhomiroff, 2009
www.vivafavela.com.br
www.museudamare.org.br
www.sepm.gov.br/conselho
www.sedh.gov.br/clientes/sedh/sedh/brasilsem

Jovens brasileiros – Uma aventura literária ao longo da nossa História

Gerente editorial	Fabricio Waltrick
Editora	Lavínia Fávero
Editora assistente	Carla Bitelli
Estagiário	Alexandre Cleaver
Colaboradora	Lorena Vicini
Coordenadora de revisão	Ivany Picasso Batista
Revisoras	Ana Luiza Couto, Bárbara Borges, Rita Costa

ARTE

Projeto gráfico	Vicente Gil Arquitetura e Design
Capa	Vicente Gil
Coordenadora de arte	Soraia Scarpa
Assistente de arte	Thatiana Kalaes
Produção gráfica	Nasha Gil
Tratamento de imagem	Cesar Wolf, Fernanda Crevin
Pesquisa iconográfica	Sílvio Kligin (coord.), Angelita Cardoso
Crédito das imagens das 2ª e 3ª capas	Século XV: Reprodução/Acervo Iconographia/Reminiscências/Fundação Biblioteca Nacional, Rio de Janeiro, RJ; 1528: Reprodução/Acervo Iconographia; 1639: Reprodução/Acervo Iconographia/Museu Afro Brasil, São Paulo, SP; 1670: Marcelo Gomes/Acervo do ilustrador; 1731: Reprodução/Fundação Biblioteca Nacional, Rio de Janeiro, RJ; 1808: Reprodução/Coleção Geyer/Museu Imperial, Petrópolis, RJ; 1899: Reprodução/Acervo Iconographia/Fundação Biblioteca Nacional, Rio de Janeiro, RJ 1923: Autor desconhecido/Acervo Museu da Imigração/Arquivo Público do Estado de São Paulo; 1938: Reprodução/Acervo Iconographia; 1960: Arquivo O Cruzeiro/EM/D.A Press.; 2012: YanLev/Shutterstock

CIP-BRASIL. CATALOGAÇÃO NA FONTE
SINDICATO NACIONAL DOS EDITORES DE LIVROS, RJ

J22j
2. ed.

Jaf, Ivan, 1957-
Jovens brasileiros: uma aventura literária ao longo da nossa História / Ivan Jaf, Maria Odette Simão Brancatelli, Vera Lúcia Vilhena de Toledo. - 2. ed. - São Paulo: Ática, 2014.
144 p.: il. (Que mundo é esse?)

ISBN 978-85-08-16645-9

1. Brasil - História - Literatura infantojuvenil. I. Brancatelli, Maria Odette Simão. II. Toledo, Vera Lúcia Vilhena de. III. Título. IV. Série.

13-08012 CDD: 981
CDU: 94(81)

MISTO
Papel produzido a partir de fontes responsáveis
FSC® C102676

ISBN 978 85 08 16645-9 (aluno)
ISBN 978 85 08 08218-6 (professor)
Código da obra CL 738002

2014
2ª edição
1ª impressão
Impressão e acabamento: Brasilform Editora e Ind. Gráfica

Av. Otaviano Alves de Lima, 4400 – CEP 02909-900 – São Paulo, SP
Atendimento ao cliente: 4003-3061 – atendimento@atica.com.br
www.atica.com.br